독자의 1초를
아껴주는 정성을
만나보세요!

세상이 아무리 바쁘게 돌아가더라도 책까지 아무렇게나 빨리 만들 수는 없습니다.

인스턴트 식품 같은 책보다 오래 익힌 술이나 장맛이 밴 책을 만들고 싶습니다.

땀 흘리며 일하는 당신을 위해 한 권 한 권 마음을 다해 만들겠습니다.

마지막 페이지에서 만날 새로운 당신을 위해 더 나은 길을 준비하겠습니다.

그림으로 이해하는 가상화와 컨테이너
VIRTUALIZATION AND CONTAINER

초판 발행 · 2022년 11월 23일
초판 2쇄 발행 · 2024년 8월 9일

지은이 · 이가라시 타카유키, 스스키다 타츠야
옮긴이 · 성창규
발행인 · 이종원
발행처 · (주)도서출판 길벗
출판사 등록일 · 1990년 12월 24일
주소 · 서울시 마포구 월드컵로 10길 56(서교동)
대표전화 · 02)332-0931 | **팩스** · 02)323-0586
홈페이지 · www.gilbut.co.kr | **이메일** · gilbut@gilbut.co.kr

기획 및 책임편집 · 이다빈(dabinlee@gilbut.co.kr) | **디자인** · 장기춘 | **표지 일러스트** · 피클첨스 | **제작** · 이준호, 손일순, 이진혁
영업마케팅 · 임태호, 전선하, 차명환, 박민영, 지운집, 박성용 | **영업관리** · 김명자 | **독자지원** · 윤정아, 최희창

교정교열 · 이미연 | **전산편집** · 여동일 | **출력 및 인쇄** · 예림인쇄 | **제본** · 예림바인딩

· 잘못된 책은 구입한 서점에서 바꿔 드립니다.
· 이 책은 저작권법에 따라 보호받는 저작물이므로 무단전재와 무단복제를 금합니다.
  이 책의 전부 또는 일부를 이용하려면 반드시 사전에 저작권자와 (주)도서출판 길벗의 서면 동의를 받아야 합니다.

ISBN 979-11-407-0215-2 93000
(길벗 도서번호 080317)

정가 22,000원

독자의 1초를 아껴주는 정성 길벗출판사

(주)도서출판 길벗 | IT교육서, IT단행본, 경제경영서, 어학&실용서, 인문교양서, 자녀교육서 **www.gilbut.co.kr**
길벗스쿨 | 국어학습, 수학학습, 어린이교양, 주니어 어학학습, 학습단행본 **www.gilbutschool.co.kr**

페이스북 · www.facebook.com/gbitbook

그림으로 이해하는 가상화와 컨테이너

이가라시 타카유키, 스스키다 타츠야 지음

성창규 옮김

길벗

개인적으로 도커는 많이 사용해 봤고, 쿠버네티스는 아주 기초적인 지식만 있는 상태에서 베타 테스터에 참여하게 되었습니다. 글만 읽으면 다소 추상적으로 느낄 수 있는 개념인데, 그림과 함께 본문을 읽으니 쉽게 이해할 수 있었습니다. 코드도 어렵지 않게 읽을 수 있고 입력하는 명령어도 하나하나 친절하게 설명하기 때문에 끝까지 쉽게 따라갈 수 있었습니다. 가상화와 컨테이너에 대한 개념이 익숙하지 않은 분께 강력히 추천합니다.

박현우_티맥스 와플

현업에서 배포되는 분석 환경으로 도커를 사용하고 있기 때문에 도커를 비롯한 컨테이너 기술을 좀 더 깊게 이해하고 잘 활용하고 싶어서 베타 테스터에 신청했습니다. 그림과 함께 친절하게 설명하고 있어서 개념을 명확하게 이해할 수 있습니다. 또한, 주요 클라우드 서비스(AWS, GCP, 애저)를 서로 비교해 실제 협업에서 어떤 서비스를 선택하는 게 좋을지에 대한 가이드도 제공합니다. 도커로 인프라를 구축하려는 분, 도커의 활용성을 높이고 싶은 분, 어떤 클라우드 서비스를 선택할지 고민하고 있는 분께 도움이 될 것입니다.

양민혁_데이터 분석가

당장 클라우드 도입을 생각하지 않더라도 미리 읽어 볼 만한 책입니다. 모호하게만 느껴질 수 있는 클라우드의 요소들을 그림으로 알기 쉽게 설명합니다. 클라우드에 익숙하지 않은 사람도 부담 없이 읽기 좋습니다. 클라우드 입문자라면 개념을 확립하기 위해, 클라우드 전문가라면 개념을 정리하기 위해 한번 읽어 보길 추천합니다.

최지원_카카오 클라우드 플랫폼 개발자

가상화 기술이 등장하면서 서버 자원을 효율적으로 활용할 수 있게 되었고, 지금은 클라우드 컴퓨팅에도 활용하고 있습니다. 즉, 클라우드 환경을 이해하려면 가상화 기술도 이해해야 합니다. 이 책은 클라우드에 입문하는 사람이라면 도움이 될 만한 여러 정보가 담겨 있습니다. 추상적이고 어려운 개념들을 그림과 함께 설명해서 훨씬 수월하게 이해할 수 있습니다. 만약 이 책에 적힌 내용을 공부한 후에 아키텍트 업무를 시작했더라면 좀 더 무난하게 작업할 수 있었을 것 같습니다. 쉽게 읽을 수 있는 가상화 입문서이므로 많은 분께 추천하고 싶습니다.

조유민_아롬정보기술 KT Cloud portal API 부서

우리는 보통 새로운 것을 학습할 때 수많은 낯선 용어에 어려워하곤 합니다. 학습한 후에도 새로운 기술이 계속 등장하므로 처음 접하는 용어를 정확히 알고 넘어가는 것은 매우 중요합니다. 이 책은 '가상화'라는 이해하기 쉽지 않은 개념을 그림으로 알기 쉽게 설명합니다. 동시에 가상화에서 파생된 기술을 핵심만 골라서 명확하게 알려 줍니다. 가상화와 도커, 쿠버네티스의 개념을 확실하게 이해하고 싶다면 이 책을 추천합니다.

조선민_포지큐브 소프트웨어 엔지니어

백엔드 개발자로 취업을 준비하면서 '도커'와 '쿠버네티스'라는 단어를 꽤 자주 접했습니다. 그래서 개념부터 익히고자 베타 테스터에 참여하게 되었습니다. 컨테이너 기술의 근간이 되는 가상화 개념부터 설명을 시작한 덕분에 얕은 지식으로도 차근차근 끝까지 책을 읽을 수 있었습니다. 또한, 개념을 그림으로 묘사한 부분이 많아서 직관적으로 이해할 수 있다는 점이 마음에 들었습니다. 가상화 기술과 쿠버네티스, 도커의 기초 지식을 쌓을 수 있어서 취업을 준비하는 분이나 개념을 정리하고 싶은 분께 많이 도움이 될 것입니다.

박종수_백엔드 개발자 취업 준비생

요즘 IT 관련 뉴스나 SNS에서 '컨테이너', '도커'라는 용어를 많이 볼 수 있습니다. 여러분도 '컨테이너'나 '도커'에 대해 자세히 알고 싶기 때문에 이 책을 집어든 것이라고 생각합니다.

이 두 용어를 간단히 설명하자면 컨테이너란 가상화 기술 중 하나이고, 도커란 컨테이너형 가상화 기술을 구현하는 소프트웨어입니다.

그래서 이 책의 전반부에서는 가상화 기초에 대해 설명합니다. 그리고 가상화란 무엇인지, 컨테이너와 그 이외의 가상화 기술엔 무엇이 있는지 배우고 각각 비교해 컨테이너의 특징을 소개합니다. 후반부에서는 도커와 컨테이너를 관리하는 도구인 쿠버네티스를 설명하고, 나아가 클라우드 컨테이너 서비스를 소개합니다.

컨테이너나 도커에 대해 잘 정리하고 설명한 도서가 이미 시중에 많이 있지만, 이 책은 그 어떤 책보다도 훨씬 쉬운 입문서가 되도록 집필했습니다.

이 책의 내용을 세밀하게 조사 및 편집해 주시고, 또 알기 쉬운 그림을 준비해 주신 리프로웍스의 오츠 님, 오코타 님에게 감사의 말씀을 드립니다.

이가라시 타카유키

IT 기술의 발전과 더불어 프로그래밍 언어가 급격히 변하고 있습니다. 이에 맞게 인프라 환경도 거듭 변화 중이며, 관리자에게 의존하던 환경이 가상화, 자동화 환경으로 바뀌어 가고 있습니다. 최근에는 VM이라는 가상 환경을 넘어서 컨테이너라는 새로운 개념이 등장했고, 아마존, 구글, 마이크로소프트 같은 거대 인프라 기업들이 컨테이너를 사용할 수 있는 서비스를 제공합니다.

이 책에서는 가상화와 컨테이너의 개념과 이와 관련한 IT 기술을 그림과 함께 쉽게 풀어내고 있습니다. 컨테이너에 대한 기초 지식이 없거나 가상화와 컨테이너의 차이점이 무엇인지 명확하지 않은 분께 적합한 입문서라고 생각합니다.

컨테이너 기술에서 사용하는 수많은 도구 중에서 대표적으로 사용하는 도커와 쿠버네티스를 충실하게 설명하고 있으며, 이 두 가지 개념을 알아 두면 컨테이너를 이해하는 데 많은 도움이 될 것입니다.

아직 코로나 19 상황에서 완전히 회복되지는 않았지만 조금씩 예전의 일상으로 돌아오고 있는 것 같아서 다행입니다. 마지막으로 번역할 때 곁에서 도와준 아내와 늘 응원해 주는 가족들, 친구들에게 감사의 마음을 전합니다. 그리고 번역 작업에 많은 도움을 주신 길벗출판사 관계자 분들께 감사의 인사를 드립니다.

2022년 11월

성창규

1장

장

가상화 기초 지식

가상화란 실체가 없는 것을 마치 존재하는 것처럼 보이게 하는 기술
이며, 규모가 큰 시스템이나 서비스를 구성하는 데 없어서는 안 될
중요한 기술이다. 이 장에서는 가상화란 무엇이며 어떤 특징이 있는
지 알아보자.

1.1 가상화: 물리적 구성에 얽매이지 않는 유연성과 가용성

가상화를 사용하면 물리적인 실체와는 다른 구성으로 서비스를 구축할 수 있다. 예를 들면, 물리 서버 1대에 가상 서버를 여러 대 구축할 수 있다. 우선 가상화란 무엇인지 살펴보자.

1.1.1 가상화란

가상화란 실체가 없는 것을 마치 존재하는 것처럼 보이게 하는 기술을 말한다. 예를 들어, 물리 서버 1대에 가상 서버를 여러 대 구축할 수 있다. 이를 통해서 물리 서버를 늘리지 않고 필요에 따라 서버를 늘리거나 줄일 수 있다.

▼ 그림 1-1 물리 서버 1대에 가상 서버를 여러 대 구축 가능

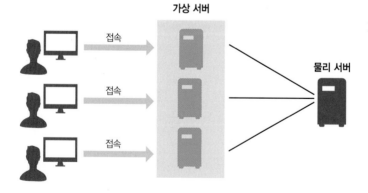

반대로, 가상화를 통해 실제로는 서버가 여러 대 구축되어 있지만 사용자에게는 서버 1대로 보이게 할 수 있다. 예를 들어, 온라인 이메일 서비스(구글의 지

메일 등)를 떠올려 보자. 만약 여러분이 이용하는 메일 서버가 고장이 나서 그 서버를 복구할 때까지 메일을 사용할 수 없다면 굉장히 불편할 것이다. 하지만 실제로는 메일 서버 1대가 고장이 나도 사용자는 이를 인지하지 못하고 서비스를 계속해서 이용한다.

이러한 서비스는 원래 물리 서버 여러 대로 구축되고 그 위에서 가상 서버가 동작한다. 고장 난 서버가 생기면 자동으로 분리되며, 다른 서버에서 같은 처리를 계속할 수 있도록 되어 있다. 사용자는 서버가 고장 난 것을 눈치채지 못하고 마치 서버 1대가 제공하는 것처럼 평소와 같이 계속 서비스를 받을 수 있다.

▼ 그림 1-2 서버 여러 대가 1대인 것처럼 보인다

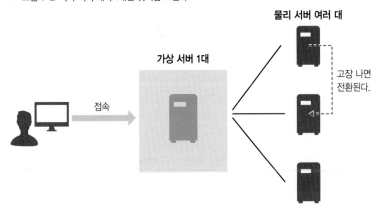

1.1.2 가상화의 개념

가상화의 개념을 이해하기 위해서는 그림 1-3을 살펴보자. 이 그림은 물리 서버에서 가상 서버 3대가 실행되는 모습이다. 우선 물리 서버가 가장 아래에 있다. 그 위에 있는 호스트 OS는 물리 서버에 설치된 OS(운영 체제. 컴퓨터를 실행하는 소프트웨어)를 말한다.

또한, 그 위에 **가상화 소프트웨어**가 있는데, 이는 가상 서버를 실행하는 데 필요한 소프트웨어다. 이 가상화 소프트웨어로 가상화를 구현한다.

SF 영화에서 주인공이 매우 현실적인 가상 현실(버추얼 리얼리티)에 몰입해 현실과 구별하지 못하는 스토리가 있다. 마찬가지로 프로그램의 경우도 실제 하드웨어처럼 움직이는 가상화 소프트웨어에서는 실제 하드웨어와 동일하게 프로그램이 동작한다. 이것이 가상화의 기본 원리다.

1.1.3 가상화의 유연성

가상화를 통해 물리적 환경의 제약에 얽매이지 않고 유연하게 환경을 구축할 수 있다. 이것이 가상화의 **유연성**이다. 물리 서버를 새로 구입하지 않아도 마치 물리 서버가 존재하는 것처럼 새로운 서버를 가상으로 생성할 수 있다. 예를 들어, 물리 서버의 OS가 Windows 10 Pro라고 하자. Windows 10 Pro에 버추얼박스(VirtualBox)라는 오라클 사의 가상화 소프트웨어를 설치해 가상 서버를 구축할 수 있다. 가상 서버에서는 CentOS나 Ubuntu, Windows Server와 같이, 호스트 OS와는 다른 OS를 실행할 수 있다.

❤ 그림 1-4 가상 서버의 구축 예시

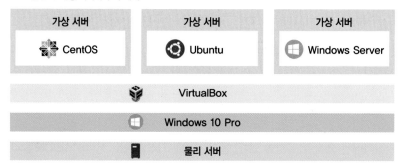

1.1.4 가용성 향상

가용성은 시스템을 장애 없이 계속 사용할 수 있는지 여부를 나타내는 지표다. 가상화를 이용하면, 생성한 가상 환경을 각각 환경별로 백업해 두는 것이 가능하기 때문에, 만약 가상 환경이 고장 나더라도 백업을 바탕으로 복원해 곧바로 이전의 상태로 되돌릴 수 있다. 이로 인해 시스템의 가용성이 향상된다. 하지만 가상 서버는 물리 서버의 전원이 내려가면 사용할 수 없다.

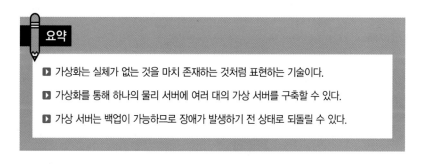

요약

▶ 가상화는 실체가 없는 것을 마치 존재하는 것처럼 표현하는 기술이다.

▶ 가상화를 통해 하나의 물리 서버에 여러 대의 가상 서버를 구축할 수 있다.

▶ 가상 서버는 백업이 가능하므로 장애가 발생하기 전 상태로 되돌릴 수 있다.

1.2 가상화의 종류: 서버 가상화와 네트워크 가상화

가상화에는 크게 두 유형이 있다. 물리 서버를 가상화하는 '서버 가상화'와 물리적 네트워크 구성을 가상화하는 '네트워크 가상화'다. 이 두 가상화 유형을 소개한다.

1.2.1 서버 가상화란

서버 가상화는 물리 서버를 가상화하는 것이다. 가상 서버는 호스트 OS와 다른 OS를 구축할 수 있다. 또한, 물리 서버의 사양이 높을수록 여러 가상 서버를 동시에 실행할 수 있다. 물리 서버에 구축된 가상 서버는 네트워크를 통해 서로를 참조할 수 있다. 가상 서버끼리는 물론, 호스트 OS끼리도 네트워크를 통해 참조할 수 있다. 가상 서버 중 하나에 데이터베이스(데이터 저장 및 검색 기능을 제공하는 소프트웨어)를 설치해 다른 가상 서버나 물리 서버에서 해당 데이터베이스를 사용할 수도 있다.

▼ 그림 1-5 서버 가상화

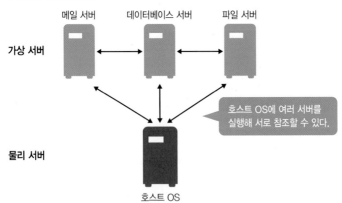

1.2.2 네트워크 가상화란

네트워크 가상화는 네트워크 기기 및 네트워크 설비와 같은 물리적 네트워크 구성을 가상화한다. 네트워크 하나를 여러 가상 네트워크로 나누거나 여러 네트워크를 가상 네트워크 하나로 보이게 할 수도 있다. 또한, **네트워크 가상화는 네트워크 설정을 소프트웨어로 한다.** 예를 들어, 기업의 네트워크를 물리적 네트워크로만 구성하는 경우, 스위치나 외부와 연결하기 위한 라우터, 방화벽 등을 구축하려는 네트워크 구성에 맞게 케이블로 연결한다. 이때 구성 대수가 많으면 복잡해지므로 사전에 연결 구성을 미리 생각해 두어야 한다. 네트워크 가상화를 도입하면 물리적 네트워크 기기를 보이지 않게 은폐해 가상 스위치 등을 이용할 수 있으므로 네트워크를 간단하게 관리할 수 있고 유연하게 변경할 수도 있다.

▼ 그림 1-6 네트워크 가상화

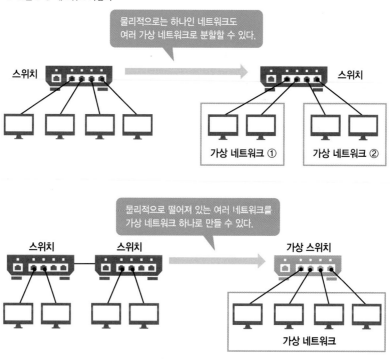

1.2.3 그 외의 가상화

이 책은 서버 가상화와 네트워크 가상화를 중심으로 설명하지만, 그 밖의 가상화로 스토리지 가상화나 데스크톱 가상화가 있다.

스토리지 가상화는 HDD나 SSD와 같은 스토리지 장치를 가상화하는 기술이다. 물리 스토리지 하나를 여러 논리 스토리지로 분할하거나 여러 물리 스토리지를 묶어 거대한 스토리지 하나로 처리할 수 있다.

❤ 그림 1-7 스토리지 가상화

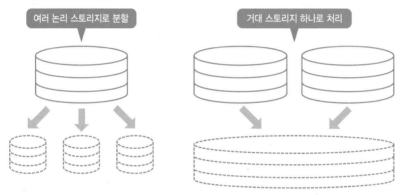

데스크톱 가상화는 데스크톱 환경을 가상화하는 기술이다. 가상화된 데스크톱은 서버에서 실행되며 네트워크를 통해 접근하고 사용한다. 조작 자체는 자신의 PC에서 실시하지만, 작성한 파일이나 설치한 애플리케이션은 모두 서버에 보존하기 때문에, 보안성이 높아진다. 또한, 데스크톱 가상화를 사용하면 같은 데스크톱을 가정용 PC와 회사용 PC 모두에서 접근할 수 있다.

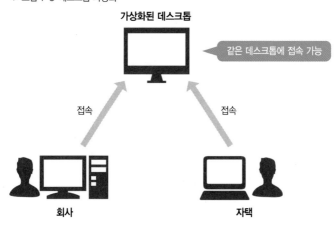

▼ 그림 1-8 데스크톱 가상화

가상화된 데스크톱

같은 데스크톱에 접속 가능

접속   접속

회사   자택

1.3 가상화의 장단점: 효율·운용성 관점에서 물리 환경과 비교

어떠한 서비스를 만들 때 항상 '가상화'를 사용해야 할까? 꼭 그렇지는 않다. 가상화의 장단점을 이해하고 어떤 환경에서 가상화를 활용해야 하는지 알아야 한다.

1.3.1 가상화의 장점

서버 가상화의 장점을 살펴보자. 가상화되지 않은 서버에 장애가 발생하면 대체 서버를 새로 준비해야 한다. 이 경우 서버를 구매하는 비용이 들고 서버에 애플리케이션을 다시 설치해야 한다. 해당 서버에 환경을 구축하는 방법이 복잡할수록 장애를 복구하는 데 시간이 오래 걸린다.

▼ 그림 1-9 가상화되지 않은 경우의 장애 발생

장애 발생

새로운 환경을 준비해 복구해야 한다.

반대로, 가상 서버는 소프트웨어, 즉 데이터이므로 백업이 쉽다. 가상 서버별로 백업할 수 있으므로 가상 서버에 장애가 발생하더라도 이전 백업에서 환경을 복사해 쉽게 복원할 수 있다. 또한, 물리 서버의 디스크 공간이 부족한 경우에도 가상 서버를 다른 외부 디스크에 백업할 수 있다.

참고로 가상 서버에 설치된 OS 및 기타 소프트웨어, 가상 서버를 구성하는 가상 CPU와 메모리, 디스크 공간은 하나의 파일로 패키지화되어 있다. 이를 **캡슐화**라고 한다. 따라서 가상 서버를 다른 외부 디스크에 백업하는 경우에도 캡슐화된 파일 한 개를 복사하면 된다.

❤ 그림 1-10 가상화된 경우의 장애 발생

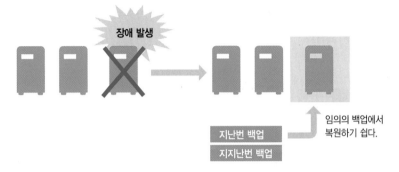

가상 서버는 데이터이므로 CPU나 메모리 등을 필요에 따라 증감해 스펙을 변경할 수 있다. 또한, 복사와 삭제도 쉽다. 여러 개를 복사할 수 있으므로 완전히 동일한 환경의 가상 서버를 여러 개 생성하고 동시에 시작할 수 있다. 이와 같이, 서버의 성능을 높이기 위해서 서버 그 자체의 스펙을 증강하는 것을 **스케일 업**(scale up), 서버 수를 늘리는 것을 **스케일 아웃**(scale out), 서버 수를 줄이는 것을 **스케일 인**(scale in)이라고 한다.

❤ 그림 1-11 가상 서버는 복사와 삭제가 쉽다

네트워크 가상화의 장점도 살펴보자. 네트워크 가상화는 네트워크 기기의 물리적 구성에 의존하지 않고 네트워크 구성을 유연하게 변경할 수 있다. 또한, 소프트웨어로 네트워크를 설정할 수 있으므로 네트워크 기기의 관리 및 유지보수가 용이해진다. 네트워크 구축에 필요한 하드웨어 비용을 줄일 수 있고 물리적 배선을 복잡하지 않게 만드는 것도 장점이다.

▼ 그림 1-12 네트워크 가상화의 장점

1.3.2 가상화의 단점

가상화는 서버 가상화와 네트워크 가상화 모두 일반 서버/네트워크 관리 외에 전문 지식이 필요하다. 또한, 가상 서버의 경우 가상 서버 단위의 가동률뿐만 아니라 물리 서버의 가동률도 고려해야 한다. **물리 서버가 움직이지 않으면, 당연히 가상 서버도 움직이지 않기 때문이다.** 앞서 언급했듯이 가상화는 장애에 강하다. 그러나 물리 서버에 장애가 발생하면 해당 서버에서 실행되는 모든 가상 서버에 영향을 줄 수 있다.

가상화를 도입하거나 유지하는 데 드는 비용 때문에, 결국은 가상화하지 않는 편이 비용 대비 효과면에서 유리한 경우도 있다. 소규모 서비스나, 장애가 발생했을 때 업무 영향이 작은 시스템에 무리하게 가상화를 사용할 필요는 없다. 이는 네트워크 가상화에서도 마찬가지다. 가상화 구축에 필요한 비용이 제공 서비스에 들어가는 비용과 비교해 효율적인지 아닌지 가상화를 도입하기 전에 충분히 검토해야 한다.

▼ 그림 1-13 가상화가 필요한지 충분히 생각해 보아야 한다

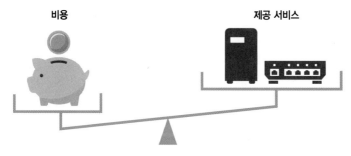

비용   제공 서비스

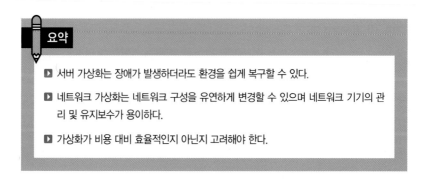

요약

▶ 서버 가상화는 장애가 발생하더라도 환경을 쉽게 복구할 수 있다.

▶ 네트워크 가상화는 네트워크 구성을 유연하게 변경할 수 있으며 네트워크 기기의 관리 및 유지보수가 용이하다.

▶ 가상화가 비용 대비 효율적인지 아닌지 고려해야 한다.

1.4 가상화와 클라우드: 클라우드를 지탱하는 가상화

최근에 자주 듣는 '클라우드'는 가상화 기술을 기반으로 구성된 서비스를 말한다. 이 절에서는 클라우드의 개념이 무엇인지, 가상화가 어떻게 활용되는지 살펴보자.

1.4.1 클라우드란

클라우드는 가상화 기술로 구축된 인프라나 그 위에 구축된 서비스다. 클라우드는 인터넷을 통해 접근할 수 있다. 사용자는 인프라나 소프트웨어가 없어도 인터넷을 통해 다양한 인프라와 서비스를 사용할 수 있다.

실제로 다양한 클라우드 서비스가 제공되며 유명한 클라우드 서비스로는 아마존의 아마존 웹 서비스(AWS, Amazon Web Services), 구글의 구글 클라우드 플랫폼(GCP, Google Cloud Platform), 마이크로소프트의 애저(Azure) 등이 있다. 클라우드는 서비스 제공 형식에 따라 일반적으로 SaaS(사스), PaaS(파스), IaaS(이아스)의 세 가지로 분류된다.

SaaS(Software as a Service)는 '소프트웨어(응용 프로그램)로 제공되는 클라우드 서비스'다. SaaS 사용자는 이미 완성된 제품의 서비스를 이용한다. 지메일이나 SNS와 같이 완성된 애플리케이션 형태로 제공되는 서비스가 SaaS에 해당한다.

PaaS(Platform as a Service)는 '플랫폼으로 제공되는 클라우드 서비스'다. PaaS는 완성된 애플리케이션이 아니라 이를 구축하기 위해 필요한 스토리지 등을 제공하는 것으로, 사용자 스스로가 애플리케이션을 구축해 이용하는 것을 상정하고 있다.

IaaS(Infrastructure as a Service)는 '인프라로 제공되는 클라우드 서비스'다. IaaS는 데이터베이스나 인터넷 등 환경 구축까지 사용자가 해야 하므로 개발의 자유도가 PaaS보다 높은 반면, 더 전문적인 지식이 필요하다.

❤ 그림 1-14 SaaS, PaaS, IaaS

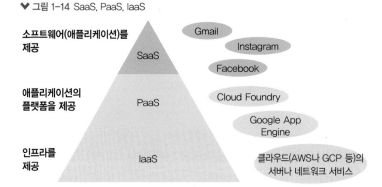

1.4.2 클라우드를 지탱하는 가상화

마이크로소프트의 원드라이브(OneDrive)는 클라우드형 온라인 스토리지 서비스다. 여기서는 원드라이브를 예로 클라우드를 지원하는 가상화 기술을 살펴보자.

원드라이브는 마이크로소프트 계정을 만들면 1인당 5GB의 스토리지(디스크 공간)를 무료로 이용할 수 있는 서비스다. 앞의 그림에서 설명한 SaaS에 해당한다. 온라인 스토리지 서비스에는 이외에도 여러 유형이 있다. 예를 들어, 드롭박스(Dropbox)의 드롭박스, 구글의 구글 드라이브 등이 있다.

▼ 그림 1-15 원드라이브

https://onedrive.live.com/about/ko-kr

이러한 온라인 스토리지 서비스는 사용자마다 정해진 디스크 공간을 확보하고 있는 것이 아니다. 원드라이브를 사용하면 사용자당 5GB를 제공하지만 사용자 수×5GB의 디스크 공간을 확보하고 있지는 않다. 하지만 사용자에게는 다음 그림과 같이 각각 5GB의 디스크가 할당된 것처럼 보인다.

▼ 그림 1-16 사용자에게 보이는 디스크 이미지

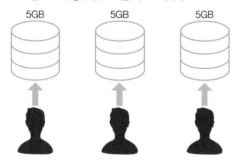

실제로는 미리 준비된 디스크로부터 필요에 따라서 사용자마다 디스크 공간을 할당한다. 따라서 물리적 디스크 공간과 다른 논리적 영역을 보여 주기 위해 스토리지 가상화라는 기술을 사용한다. 물론 각 사용자가 5GB를 초과하지 않도록 관리한다. 공유 디스크가 마치 사용자별로 준비된 디스크처럼 가상화되어 보일 뿐이다. 또한, 5GB를 모두 사용하지 않는 사용자의 디스크 공간도 유효하게 활용할 수 있다.

▼ 그림 1-17 실제 디스크 이미지

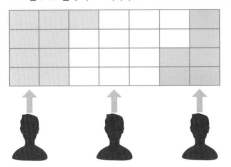

클라우드에서 사용하는 가상화 기술은 스토리지 가상화뿐만이 아니다. 접속하는 서버도 가상화되어 있으며, 사용자에게는 접속하는 서버가 하나로 보이지만, 실제로는 여러 서버가 역할을 담당하고 있다. 이는 역할 분산, 로드 밸런싱, 리스크 분산을 목적으로 한다.

1.4.3 클라우드를 지탱하는 분산 처리

클라우드를 지탱하는 기술에는 가상화 외에도 **분산 처리**가 있다. 분산 처리란 기기 여러 대에 처리를 분산하는 것이다. 처리를 분산하면 작업 처리를 빠르게 하거나, 기기 1대에 대한 부하를 줄일 수 있다. 클라우드의 대량 데이터 처리 및 유연한 리소스 관리는 가상화 및 분산 처리 덕분에 유지되고 있다. 클라우드를 사용할 때는 이 점을 잘 이해하자.

❤ 그림 1-18 분산 처리

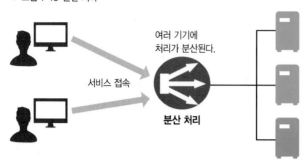

여러 기기에
처리가 분산된다.

서비스 접속

분산 처리

요약

▶ 클라우드란 가상화 기술로 구축된 인프라와 그 위에 구축된 서비스다.

▶ 클라우드는 일반적으로 SaaS, PaaS, IaaS의 세 가지로 분류한다.

▶ 클라우드는 가상화 및 분산 처리가 지탱하고 있다.

1.5 클라우드 보안: 안전성은 높지만 클라우드만의 리스크도 있다

클라우드는 인터넷을 통해 다양한 서비스를 제공하며 안전성이 높지만 리스크도 존재한다. 클라우드의 리스크를 한번 알아보자.

1.5.1 클라우드 보안

클라우드 서비스의 보안 수준은 매우 높다. 최신 보안 대책을 갖추고 있으며 적절하게 관리, 운영되고 있다. 또한, 클라우드 서비스라면 OS나 보안 대책 소프트웨어를 최신으로 유지하는 것을 깜박할 위험도 없다. 하지만 클라우드가 이렇게 편리한 반면, 클라우드만이 가진 리스크도 존재한다. 예를 들어, 악의가 있는 사람이 클라우드를 통째로 도용하면 호스트 컴퓨터까지 침입할 가능성도 있다.

1.5.2 실제로 발생한 취약성의 예

실제로 일어난 사례를 살펴보자. 2015년 5월 13일 미국 보안 대책 기업인 CrowdStrike 사가 공표해 VENOM(Virtualized Environment Neglected Operations Manipulation)으로 명명된 취약성은 클라우드 서비스 전체가 탈취되어 버리는 매우 위험성이 높은 취약점이었다.

VENOM은 가상화 중에서도 하이퍼바이저형(2.3절 참조)과 관련한 취약점이다. 일단 공격자는 공격 대상인 클라우드 서비스에 일반 사용자로 가입해 서비스를 이용하기 시작한다. 그런 다음 가상 서버의 관리자로 로그인해 가상 플로피 디스크 드라이브의 취약점을 공격한다. 이 취약점을 버퍼 오버플로라고 하며, 거기서 시작해 게스트 OS뿐만 아니라 게스트 OS를 탑재한 호스트 OS까지 공격 범위를 넓힐 수 있다.

▼ 그림 1-19 모든 클라우드 사용자에게 피해를 줄 가능성이 있다

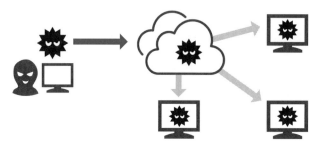

1.5.3 편의성과 보안 문제의 절충

앞에서 설명한 온라인 스토리지 사용자에 대해서도 온라인 스토리지를 이용하고 있는 모든 단말에서 악성 코드(악성 소프트웨어)에 감염되기 쉽다는 단점이 있다. 이는 편리성과 맞붙어 있는 양날의 검이다. 클라우드 서비스 제공 업체는 높은 보안 대책 기술을 보유하고 취약점을 항상 숙지해야 한다. 또한, 클라우드 서비스를 이용하는 경우에도 회사 내에 보안 관리자를 두어 혹시라도 클라우드 서비스에 장애가 발생해도 제대로 대처할 수 있도록 인재를 육성해야 할 것이다.

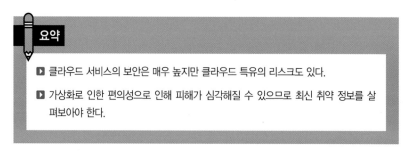

요약

▶ 클라우드 서비스의 보안은 매우 높지만 클라우드 특유의 리스크도 있다.

▶ 가상화로 인한 편의성으로 인해 피해가 심각해질 수 있으므로 최신 취약 정보를 살펴보아야 한다.

COLUMN 디지털 트랜스포메이션과 가상화

디지털 트랜스포메이션(DX, Digital Transformation)은 'IT 기술이 진화하고 그것이 사람들의 삶에 깊이 스며들게 되면 더 나은 환경으로 향해 간다'라는 개념이다. 이러한 디지털 변환에는 클라우드가 깊게 관련되어 있다.

디지털 트랜스포메이션 이전에는 개인 정보가 다양한 기관별로 관리되었기 때문에 개인은 각 기관에 개인 정보를 등록해야 했다. 반면에 디지털 트랜스포메이션 이후에는 디지털화한 개인 정보를 각 기관 사이에 서로 공유한다. 개인이 본인임을 인증할 수 있다면 각 기관에 개인 정보를 등록할 필요가 없고 공통의 개인 정보를 사용할 수 있다. 주소가 변경된 경우에도 각 기관에 개별로 주소를 변경해 달라고 신청하지 않아도 된다.

이러한 기술은 클라우드에 의해 제공되며, 클라우드가 바로 가상화가 주는 혜택이라고 할 수 있다.

❤ 그림 1-20 데이터를 경계 없이 공유할 수 있다

클라우드 데이터베이스가 여러 곳과 연결되어 데이터를 공유하고 업데이트할 수 있는 환경, 서버와 네트워크를 가상화하고 공유하는 것으로 이루어지는 새로운 시대, 이것이야말로 IT 기술의 진화와 함께 우리의 생활을 더 좋아지게 하는 시대, 디지털 트랜스포메이션이라는 개념이다.

memo

2장

2^장

가상화의
원리와 기술

가상화에는 다양한 원리가 있다. 이번 장에서는 대표적인 가상화로
'서버 가상화'와 '네트워크 가상화'의 원리에 대해서 살펴보자. 각 기
술의 차이점과 목적을 잘 아는 것이 가상화를 이해하는 지름길이다.

2.1 서버 가상화의 원리: 물리 서버에 여러 대의 가상 서버를 구축한다

이번 장에서는 가상화의 원리와 기술에 대해서 설명한다. 우선 가상화의 대표적인 예인 '서버 가상화'를 살펴보자. 서버 가상화에는 크게 세 종류가 있다.

2.1.1 서버 가상화란

서버 가상화란 물리 서버 하나에 가상 서버를 여러 대 구축하는 기술을 말한다. 1장에서 설명한 서버 가상화는 사실 서버 가상화의 한 종류이며 **호스트 OS형 가상화**라고 한다. 그 외에 **하이퍼바이저형 가상화**와 **컨테이너형 가상화**가 있으며 각 특징에 대해서는 다음 절에서 설명한다.

대략적인 구성을 보면 서버 가상화의 종류에 따라 호스트 OS와 게스트 OS가 존재하는지 여부가 다르다. **호스트 OS**는 하드웨어에 직접 설치하는 OS를 말하며, **게스트 OS**는 가상 하드웨어에 설치하는 OS를 말한다.

▼ 그림 2-1 서버 가상화의 종류

2.1.2 서버 가상화의 종류

여기서는 서버 가상화의 종류를 간단히 소개한다.

첫 번째로 호스트 OS형은 일반 사용자가 이해하기 가장 쉬운 가상화로, 호스트 OS에서 가상 서버가 동작한다. 윈도에서 리눅스를 이용하거나 맥OS에서 윈도를 사용하는 것처럼 서버 구축 이외의 용도로도 사용한다.

두 번째로 하이퍼바이저형은 호스트 OS의 일부 기능을 가상화 소프트웨어가 대행하는 것으로, 호스트 OS를 간소화해 효율적으로 유지 관리하기 쉽다.

세 번째로 컨테이너형은 사용 리소스가 낮고 유연성이 높기 때문에 웹 애플리케이션의 개발 및 운영 환경에 널리 사용되고 있다. 컨테이너를 잘 활용하려면 '애플리케이션 단위로 가상화한다'는 개념과 그 장점을 이해해야 한다.

▼ 표 2-1 서버 가상화의 종류

종류	설명
호스트 OS형	물리 서버에 설치된 호스트 OS에서 가상 서버를 가동한다. 대표적인 소프트웨어로는 버추얼박스가 있다.
하이퍼바이저형	호스트 OS 없이 동작하는 하이퍼바이저라는 가상화 소프트웨어를 이용한다. 호스트 OS가 없는 만큼 호스트 OS형보다 유지 관리하기 쉽다. 대표적인 소프트웨어로는 Hyper-V가 있다.
컨테이너형	컨테이너라는 애플리케이션과 실제 환경을 같이 분리하는 원리를 사용해 OS 단위가 아닌 애플리케이션 단위로 가상화한다. 가상 하드웨어와 게스트 OS가 없으며 컨테이너끼리 조합해 사용한다. 대표적인 소프트웨어로는 도커(Docker)가 있다.

요약

▶ 서버 가상화란 물리 서버 한 대에 가상 서버 여러 대를 구축하는 기술이다.

▶ 서버 가상화의 종류에는 호스트 OS형 가상화, 하이퍼바이저형 가상화, 컨테이너형 가상화가 있다.

2.2 호스트 OS형 가상화: 호스트 OS에서 여러 대의 게스트 OS 가 동작한다

호스트 OS형 가상화는 호스트 OS에서 가상 서버가 동작한다. 가상화 중에 가장 이해하기 쉬우며, 쉽게 사용할 수 있다.

2.2.1 호스트 OS형 가상화란

호스트 OS형 가상화는 물리 서버에 OS가 설치되어 가상 서버를 실행하는 기술이다. 해당 OS에 호스트 OS형 가상화 소프트웨어를 설치한다. 예를 들어, 호스트 OS를 리눅스로 만들고 가상화 소프트웨어로 게스트 OS를 윈도로 실행할 수 있다. 어떤 게스트 OS를 실행할 수 있는지는 호스트 OS에 설치된 가상화 소프트웨어의 종류에 따라 다르다.

▼ 그림 2-2 호스트 OS형 가상화

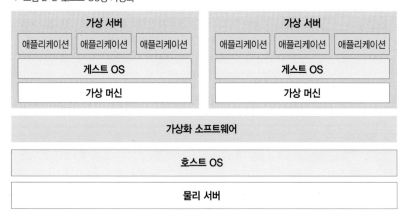

2.2.2 호스트 OS형 가상화 소프트웨어

호스트 OS형을 구현하는 가상화 소프트웨어에는 여러 종류가 있다. 다음은 주요 호스트 OS형 가상화 소프트웨어다.

❤ 표 2-2 주요 호스트 OS형 가상화 소프트웨어

제품명	제공처	플랫폼	설명
Hyper-V	마이크로소프트	윈도	윈도8 이상의 윈도OS Pro에는 사전 설치되어 있다. 하이퍼바이저형에도 같은 이름의 제품이 있지만 윈도 서버 제품이 아닌 것은 호스트 OS 유형이다.
VMware Workstation Player	VMware	윈도, 리눅스	상업용만 아니면 무료로 이용할 수 있다.
VMware Horizon	VMware	윈도, 리눅스	유료이지만 온프레미스 및 클라우드를 지원한다.
VMware Fusion	VMware	맥OS	VMware의 맥OS 버전이다. 게스트 OS로 윈도를 실행할 수 있다. 일반 버전과 프로페셔널 버전이 있지만 둘 다 유료다.
버추얼박스	오라클	윈도, 리눅스, 맥OS	OSS(Open Source Software)로 제공한다. 상업적으로도 무료 이용할 수 있지만, 낮은 사양의 컴퓨터라면 VMWare Workstation Player가 좀 더 쾌적하게 동작한다.
Parallels Desktop	패러랠즈	맥OS	맥OS에서 윈도를 실행하는 경우에 사용한다.

요약

▶ 호스트 OS형 가상화란 물리 서버에 OS가 설치되어 있으며, 그 위에 가상 서버를 동작시키는 기술이다.

▶ 어떤 게스트 OS를 실행할 수 있는지는 호스트 OS에 설치된 호스트 OS 가상화 소프트웨어 유형에 따라 달라진다.

2.3 하이퍼바이저형 가상화: 호스트 OS가 필요 없다

하이퍼바이저형 가상화는 호스트 OS가 필요 없다. 즉 물리 서버에 OS를 설치할 필요가 없으며 가상화 소프트웨어도 호스트 OS형 가상화의 원리와 다르다.

2.3.1 하이퍼바이저형 가상화란

하이퍼바이저형 가상화는 물리 서버에 OS를 설치할 필요가 없는 대신 **하이퍼바이저라는 가상 환경을 관리하는 소프트웨어를 물리 서버에 설치**한다. 물리 서버에 OS가 필요 없으므로 OS에 대한 라이선스 요금이 들지 않는다.

일반적으로 하이퍼바이저형 가상화는 비교적 규모가 큰 가상 환경을 구축하는 데 사용한다. 또한, 호스트 OS 없이 게스트 OS를 직접 제어하기 때문에 컴퓨터의 리소스를 활용하기 쉽다. 이미 서비스 중인 물리 서버가 있는 경우에는 그 위에 가상 환경을 구축해 호스트 OS형 가상화를 선택하는 경우가 많지만, 처음부터 가상 환경을 구축해야 한다면 하이퍼바이저형 가상화를 선택하는 경우가 많다.

▼ 그림 2-3 하이퍼바이저형 가상화

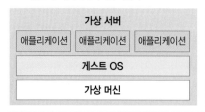
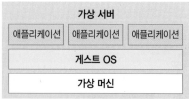

2.3.2 하이퍼바이저형 가상화 소프트웨어

하이퍼바이저형을 구현하는 가상화 소프트웨어는 여러 종류가 있다. 다음 표에서 주요 하이퍼바이저형 가상화 소프트웨어를 소개한다.

▼ 표 2-3 주요 하이퍼바이저형 가상화 소프트웨어

제품명	제공처	설명
Hyper-V	마이크로소프트	윈도 서버 전용 솔루션이다. 윈도 서버 에디션에 따라서 가상화할 수 있는 환경 수에 차이가 있다.
VMware vSphere	VMware	여러 버전이 있으며 각 에디션마다 기능과 가격에 차이가 있지만, VMware Workstation Player와 달리 무료로 사용할 수 없다.
Xen	OSS	OSS에서 GPL 라이선스로 공개되며 무료다. 판매 목적이 아니라면 상업적으로도 이용할 수 있다.
KVM	리눅스 커널	리눅스 커널 2.6.20 이상에 표준 탑재되어 있다. 게스트 OS로 윈도도 이용할 수 있다.

요약

▶ 하이퍼바이저형 가상화는 하이퍼바이저형 가상화 소프트웨어에서 가상 서버를 실행하는 기술이며, 물리 서버에 OS가 필요 없다.

▶ 호스트 OS가 없고 게스트 OS에서 직접 제어하기 때문에 컴퓨터의 리소스를 활용하기 쉽다.

2.4 컨테이너형 가상화: 애플리케이션별로 독립적인 공간으로 구축한다

이번 절에서는 또 다른 서버 가상화인 컨테이너형 가상화에 대해서 설명한다. 웹 애플리케이션의 구축 환경으로 인기가 많으며 이 책의 후반부에서도 중점적으로 다룬다.

2.4.1 컨테이너형 가상화란

컨테이너형 가상화는 '컨테이너'라는 애플리케이션과 실행 환경을 같이 분리하는 방식으로 OS 단위가 아닌 애플리케이션 단위로 가상화하는 기술이다. 컨테이너형 가상화는 게스트 OS를 사용하지 않고 호스트 OS에 컨테이너형 가상화 소프트웨어를 설치한다.

컨테이너형 가상화의 가장 큰 장점은 유연성이다. 예를 들어, 다른 서버 가상화 기술로 가상 서버를 늘리는 경우에는 게스트 OS 및 응용 프로그램을 설치해야 하지만, 컨테이너형 가상화에서는 컨테이너를 만들고 거기에 애플리케이션을 도입하기만 하면 가상 서버를 준비할 수 있다. 설치 같은 번거로움을 크게 줄일 뿐만 아니라 가상 하드웨어나 게스트 OS를 실행할 필요가 없는 만큼 성능도 좋아진다.

❤ 그림 2-4 컨테이너형 가상화

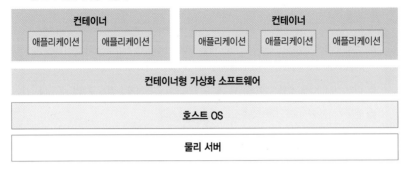

컨테이너에는 여러 응용 프로그램을 도입할 수 있지만 원칙적으로 **하나의 컨테이너에 하나의 애플리케이션(하나의 프로세스)** 단위로 구축하고 여러 컨테이너를 결합하는 것이 좋다. 컨테이너를 만드는 비용은 매우 저렴하기 때문에 복잡한 컨테이너를 하나 만드는 것보다 단순한 컨테이너를 여러 개 만드는 것이 더욱 효율적이고 나중에 설계 등을 변경하기도 쉽기 때문이다.

❤ 그림 2-5 컨테이너 이용 방법

2.4.2 컨테이너형 가상화 소프트웨어의 대표: 도커

컨테이너형 가상화로는 **도커**(Docker)가 유명하다. 도커는 도커 사가 개발한 OSS의 컨테이너형 가상화 소프트웨어다. 또한, 애플리케이션을 설치한 컨테이너 이미지를 모은 도커 허브(Docker Hub)라는 서비스가 있으며 내려받는 것만으로 필요한 컨테이너를 간단하게 준비할 수 있다. 도커에 대해서는 4장에서 자세히 설명한다.

요약

▶ 컨테이너형 가상화는 '컨테이너'라는 애플리케이션과 실행 환경을 같이 분리하는 방식을 이용해 OS 단위가 아닌 애플리케이션 단위로 가상화하는 기술이다.

▶ 여러 컨테이너를 조합해 환경을 구축할 수 있으므로 유연하게 환경을 구축할 수 있다.

▶ 컨테이너형 가상화의 대표적인 소프트웨어는 도커다.

2.5 클라우드의 서버 가상화: AWS, GCP, Azure가 제공하는 서버 가상화 서비스

클라우드는 다양한 서버 가상화 서비스를 제공한다. 각 클라우드에서 제공하는 다른 서비스와 연계하기 쉬운 것이 장점이다. 이번 절에서는 대표적인 클라우드 서버 가상화 서비스를 소개한다.

2.5.1 아마존 EC2

아마존 웹 서비스(AWS)의 서버 가상화 서비스는 아마존 EC2(Elastic Compute Cloud)다. 아마존 EC2는 하이퍼바이저 가상화로 AWS 스토리지 서비스인 아마존 S3(Simple Storage Service)와 함께 사용할 수 있다. 사용 목적에 따라 최적의 가상 시스템 사양(인스턴스 유형이라고 함)을 선택할 수 있다. 가상 머신으로 사용할 수 있는 OS 유형은 아마존 리눅스(아마존이 개발한 리눅스 OS)나 CentOS, 데비안, 윈도 서버 등이 있다.

▼ 그림 2-6 아마존 EC2

https://aws.amazon.com/ko/ec2

2.5.2 GCE

구글 클라우드 플랫폼(GCP)의 서버 가상화 서비스는 **GCE**(Google Compute Engine)다. 생성되는 가상 환경의 인스턴스마다 가상 CPU의 수나 가상 메모리의 크기(머신 타입이라고 한다)를 지정할 수 있으므로 용도에 따라 적절한 사양의 가상 머신을 구성할 수 있다. 가상 머신으로 사용할 수 있는 OS 유형은 CentOS, 데비안, 윈도 서버 등이 있다.

2.5.3 가상 머신

애저의 서버 가상화 서비스는 **가상 머신**(VM, Virtual Machines)이다. 사용 목적에 따라 최적의 가상 머신 사양(시리즈라고 한다)을 선택하면 비용을 절감할 수 있다. 가상 머신으로 사용할 수 있는 OS 유형은 CentOS, 데비안, 윈도 서버 등이며 SQL Server와 함께 사용할 수 있다.

▼ 그림 2-7 GCE와 가상 머신

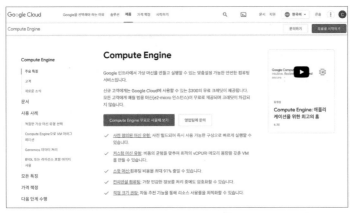

https://cloud.google.com/compute

https://azure.microsoft.com/ko-kr/services/virtual-Machines

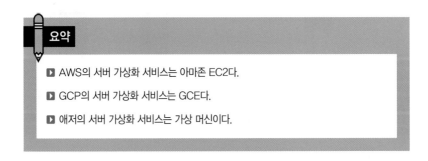

요약

▶ AWS의 서버 가상화 서비스는 아마존 EC2다.

▶ GCP의 서버 가상화 서비스는 GCE다.

▶ 애저의 서버 가상화 서비스는 가상 머신이다.

2.6 네트워크 가상화의 원리: 물리적 구성과는 다른 논리적 네트워크를 구성한다

이 장의 시작 부분에서 설명한 것처럼 가상화에는 크게 '서버 가상화'와 '네트워크 가상화'의 두 가지가 있다. 이번 절에서는 네트워크 가상화의 작동 원리와 기술을 설명한다.

2.6.1 네트워크 가상화란

네트워크 가상화는 **물리적 네트워크 구성과는 다른 논리적 네트워크 구성을 나타내는 기술**이다. 예를 들어, 두 개의 물리적 네트워크가 하나의 네트워크에 모든 것이 구축된 것처럼 보일 수 있다. 네트워크는 물리적 라우팅을 변경하지 않아도 소프트웨어 구성으로 구축할 수 있다.

▼ 그림 2-8 네트워크 가상화

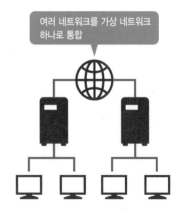

구체적인 예를 들면, 부서별로 네트워크를 분리하거나 반대로 다른 사업장의 네트워크를 하나로 통합해 공동 작업을 쉽게 하는 등 소프트웨어적인 설정으로 구성을 변경할 수 있다. 또한, 클라우드에서도 네트워크 가상화 서비스가 다수 제공되므로 가상적인 라우터 등을 조합해 요구에 맞는 네트워크를 구축할 수 있다.

2.6.2 네트워크 가상화의 기술

네트워크 가상화는 소프트웨어로만 구현하는 것이 아니라 여러 기술과 소프트웨어를 조합해 구현한다. 이러한 네트워크 가상화를 뒷받침하는 기술에 대해서는 다음 절에서 자세히 설명하고 이번 절에서는 간단히 소개한다.

▼ 표 2-4 네트워크 가상화의 기술

종류	설명
VLAN	가상화된 LAN 환경을 구축하는 기술이다. 하나의 LAN 환경을 마치 복수의 LAN 환경으로 구성된 것처럼 보이게 한다. 예를 들어, '영업부와 개발부에서 네트워크를 분리'하는 것이 가능하다.
오버레이 네트워크	VLAN보다 유연하게 네트워크 구성을 실현하는 기술이다. VLAN만큼 세분화할 수는 없지만 VLAN보다 큰 네트워크 가상화에 적합하다.
VPN	가상 사설망을 구축하는 기술이다. 멀리 떨어진 거점 간 데이터 통신이라도 가상 전용선을 통해 마치 동일한 LAN처럼 네트워크 환경을 구축할 수 있다.
SDN	소프트웨어로 네트워크의 각종 설정을 실시하는 기술 전반을 가리킨다.
OpenFlow	SDN을 실현하기 위한 구체적인 기술 중 하나다. 가상화된 네트워크 기기는 OpenFlow 긴드롤러라는 소프트웨이로 관리한디.
NFV	SDN을 보완하는 기술이다. 스위치(허브)나 라우터 등 네트워크 기기를 가상화할 수 있으며 그 설정을 소프트웨어로 제어할 수 있다.
SD-WAN	소프트웨어로 WAN을 정의하는 기술이다.

요약

▶ 네트워크 가상화는 물리적 네트워크 구성과 다른 논리적 네트워크 구성을 나타내는 기술이다.

▶ 네트워크 가상화 기술에는 VLAN, SDN 등이 있다.

2.7 VLAN: 물리 구성에 얽매이지 않는 유연한 네트워크 구현

VLAN은 가상 랜(Virtual LAN)이라는 뜻으로 네트워크 가상화의 대표적인 기술이다. LAN(Local Area Network)을 가상적으로 분할할 수 있으므로 부서나 층마다 LAN을 나눌 수 있다.

2.7.1 VLAN이란

VLAN은 물리적 네트워크(LAN)를 분할해 여러 논리 네트워크를 구축하는 기술이다. LAN은 기업 및 학교와 같은 소규모 집합으로 구축된 네트워크 통신망으로, LAN을 사용하면 같은 네트워크 통신망에 존재하는 단말기 사이에 파일을 교환하거나 프린터나 스캐너 등 하드웨어를 공유해 이용할 수 있다. VLAN은 이러한 LAN을 물리적 구성과는 다른 구성으로 구축하는 기술이다.

VLAN을 구현하는 일반적인 기술은 **포트 VLAN**이다. 포트 VLAN은 포트별로 번호를 매기고 그룹화한다. 다른 번호의 포트 간에는 통신이 불가능하므로 가상으로 네트워크를 분할할 수 있다.

▼ 그림 2-9 포트 VLAN

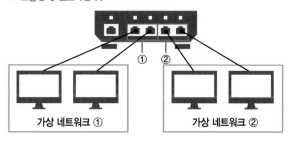

① ②

가상 네트워크 ①　　　　가상 네트워크 ②

여러 스위치 간에 VLAN을 구현하기 위한 기술은 **태그 VLAN**이다. 태그 VLAN은 데이터에 '태그'라는 식별자를 지정해 해당 데이터를 전송할 그룹을 나누는 기술이다. 네트워크 통신망을 통해 흐르고 있는 데이터를 올바른 수신 그룹에 전달할 수 있다. 데이터에는 사전에 전달할 그룹의 태그가 스위치에 의해 할당된다. 따라서 동일한 LAN 환경에 존재하는 그룹이라도 마치 여러 LAN 환경으로 구축된 것처럼 LAN 환경을 가상화할 수 있다.

▼ 그림 2-10 태그 VLAN

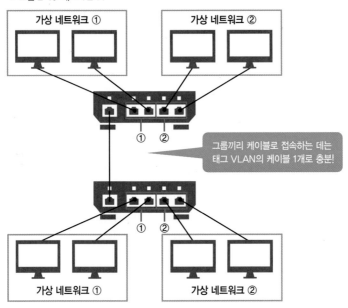

> 그룹끼리 케이블로 접속하는 데는 태그 VLAN의 케이블 1개로 충분!

✏️ **요약**

▶ VLAN은 물리적 네트워크를 분할해 여러 논리 네트워크를 구축하는 기술이다.

▶ 포트 VLAN은 포트별로 번호를 매기고 그룹화해 가상으로 네트워크를 분할한다.

▶ 태그 VLAN은 데이터에 '태그'라는 식별자를 부여해 데이터를 전송할 그룹을 식별한다.

2.8 오버레이 네트워크: VLAN의 약점을 극복하는 기술

가상 네트워크 환경을 구축하는 기술로는 오버레이 네트워크도 있다. 클라우드 와 같은 대규모의 가상 서버로 구성된 네트워크 구축에 적합하다.

2.8.1 오버레이 네트워크란

오버레이 네트워크는 앞에서 설명한 태그 VLAN과 마찬가지로 가상 네트워크 환경을 구축하는 기술이다. 그러나 사용하는 환경은 차이가 크다. 서버 가상화 와 함께 많은 수의 가상 서버가 사용되면 기존 네트워크 가상화로는 대응할 수 없게 된다. 오버레이 네트워크는 이러한 상황을 바탕으로 태어난 새로운 네트 워크 가상화 기술 중 하나다.

오버레이 네트워크는 물리적 네트워크 위에 **가상 스위치**를 설치하고 이를 이용 해 가상 네트워크를 구축한다. 따라서 물리적 네트워크 구성을 크게 변경하지 않고도 가상 네트워크 구성을 유연하게 변경할 수 있다.

▼ 그림 2-11 오버레이 네트워크의 구조

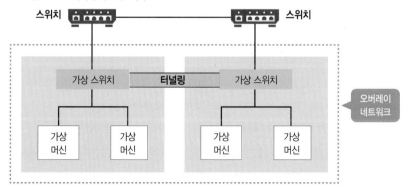

2.8.2 터널링이란

가상 스위치 간 통신에서는 **터널링**이라는 기술을 사용한다. 터널링이란 패킷
(통신 데이터)을 다른 패킷으로 덧씌워서 전송하는 것으로 VPN을 위한 통신
의 암호화나 IPv6의 패킷을 IPv4 네트워크에 통과시키는 경우 등 다양한 상황
에서 사용한다. 오버레이 네트워크에서는 물리적 네트워크 구성에 영향을 받지
않고 원하는 가상 네트워크에 데이터를 전달하는 데 터널링을 사용한다.

▼ 그림 2-12 오버레이 네트워크에서의 터널링

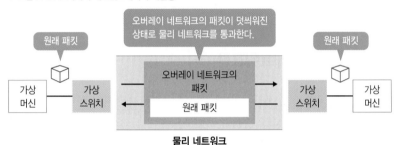

통신이 발생하는 가상 서버에서 보면 오버레이 네트워크로 구성되어도 물리적
으로 연결된 LAN의 서버와 통신하는 것과 다르지 않다. 가상 스위치에서 추가
된 패킷은 전달 대상 가상 서버가 연결된 가상 스위치로 전달된다.

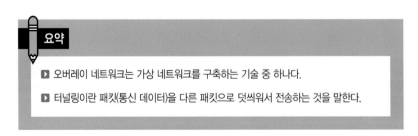

요약

▷ 오버레이 네트워크는 가상 네트워크를 구축하는 기술 중 하나다.

▷ 터널링이란 패킷(통신 데이터)을 다른 패킷으로 덧씌워서 전송하는 것을 말한다.

2.9

VPN:
가상 전용선을 구축하는 기술

가상 네트워크 환경의 구체적인 예로 유명한 것이 VPN(Virtual Private Network)이다. 인터넷에 가상 전용선을 구축하는 것으로, 멀리 떨어진 거점 간에도 회사내 LAN을 실현할 수 있다.

2.9.1 VPN이란

VPN은 그 이름대로 가상 사설망을 구축하는 기술이며, WAN(거점 간 연결하는 네트워크망)의 일종이다. 인터넷에 만들어진 가상 전용선을 통해 멀리 떨어진 거점 간 데이터 통신이라도 마치 동일한 LAN처럼 네트워크 환경을 구축할 수 있다.

멀리 떨어진 거점 간에 데이터를 교환할 때 제3자에게 데이터를 도난당하지 않도록 전용선을 사용해야 했다. 하지만 VPN을 사용하면 전용선 없이도 인터넷을 통해 데이터를 교환할 수 있고 비용까지 줄일 수 있다. 이러한 인터넷상의 VPN을 특히 **인터넷 VPN**이라고 한다. 또한, 통신 사업자 등이 준비하는 폐쇄형 네트워크를 이용한 **IP-VPN**도 있다. IP-VPN은 인터넷 VPN에 비해 훨씬 안전하게 통신할 수 있는 만큼 비용이 더 많이 든다.

▼ 그림 2-13 VPN

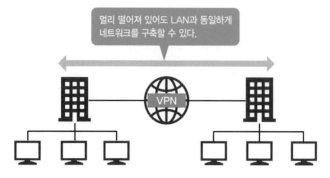

2.9.2 VPN의 원리

VPN은 앞 절에서 설명한 오버레이 네트워크의 한 종류로, VPN에서도 터널링 기술을 사용한다. 멀리 떨어진 거점 간에는 VPN을 지원하는 라우터로 접속되어 인터넷(또는 폐쇄형 네트워크)에 전용 터널을 구축한다. 이렇게 하면 제3자에게 데이터를 도난당할 위험이 크게 줄어든다. VPN을 사용하면 암호화된 데이터로 터널 내부를 송수신하므로 더욱 안전하게 데이터 통신이 가능하다. 데이터를 암호화하는 기술로는 주로 **IPSec**이 사용된다.

VPN에서는 라우터끼리뿐만 아니라 PC나 스마트폰 등에서 접속할 수도 있다. 이를 통해 원격 작업을 통해 외부에서 회사 LAN에 연결할 수 있다.

VPN으로의 접속은 VPN을 지원하는 라우터나 소프트웨어로의 VPN 접속 설정을 실시하기만 해도 되므로 터널링이나 암호화를 의식하지 않아도 간단하게 이용할 수 있다.

▼ 그림 2-14 VPN의 원리

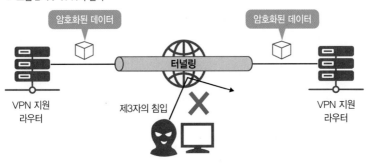

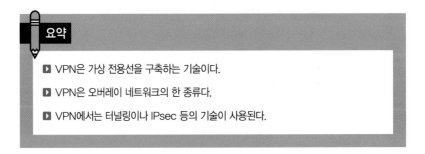

요약

▶ VPN은 가상 전용선을 구축하는 기술이다.

▶ VPN은 오버레이 네트워크의 한 종류다.

▶ VPN에서는 터널링이나 IPsec 등의 기술이 사용된다.

2.10 SDN: 소프트웨어로 네트워크를 정의한다

SDN(Software Defined Network)은 소프트웨어로 네트워크를 정의하는 기술이다. 네트워크 가상화에 있어서 필수 기술이며, 실제로 구현한 예로는 다음에 설명하는 OpenFlow 등이 있다.

2.10.1 SDN이란

SDN은 **소프트웨어로 네트워크를 정의하는 기술**을 두루 일컫는 용어다. 다음 그림은 네트워크 구성을 소프트웨어로 관리하는 모습을 나타낸다. 사실 네트워크 가상화를 SDN과 동일하게 다루는 경우도 있을 만큼, SDN은 네트워크 가상화에 필수적인 기술이다. 또한, SDN을 구현하는 소프트웨어를 **SDN 컨트롤러**라고 한다. SDN을 사용해 네트워크 환경을 구축하는 기기를 소프트웨어로 일괄 관리할 수 있으므로 관리가 용이하고 변경이 유연한 네트워크를 구축할 수 있다.

▼ 그림 2-15 SDN의 개념

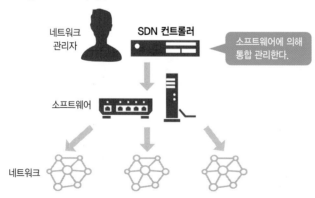

2.10.2 OpenFlow란

OpenFlow는 SDN을 구현하기 위한 기술로 여러 네트워크 기기를 중앙에서 관리할 수 있다. **ONF**(Open Networking Foundation)라는 비영리 단체가 주체가 되어 보급하고 있다. OpenFlow를 도입한 경우 네트워크 기기의 설정은 각 네트워크 기기에 직접 실시하는 것이 아니라 일괄로 기기를 관리하는 소프트웨어인 **OpenFlow 컨트롤러**로 실시한다. 네트워크 관리자는 하나의 OpenFlow 컨트롤러를 조작해 여러 네트워크 기기를 관리할 수 있다.

▼ 그림 2–16 OpenFlow에 의한 네트워크 기기 설정

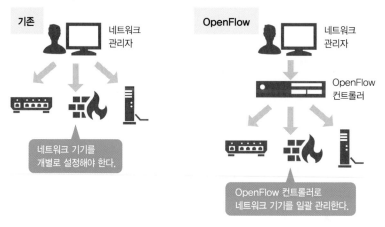

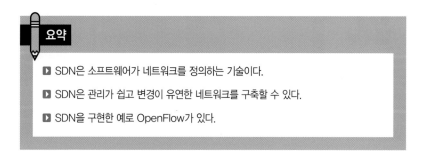

요약

▶ SDN은 소프트웨어가 네트워크를 정의하는 기술이다.

▶ SDN은 관리가 쉽고 변경이 유연한 네트워크를 구축할 수 있다.

▶ SDN을 구현한 예로 OpenFlow가 있다.

2.11 NFV: 네트워크 기기의 기능을 소프트웨어로 구현한다

이번 장에서는 SDN을 보완하는 기술인 NFV(Network Functions Virtualization)에 대해 설명한다. SDN을 보완하는 기술이기 때문에 SDN과 함께 설명하는 경우가 많아 혼동하기 쉽다. 이번 절에서 잘 알아보자.

2.11.1 NFV란

NFV는 네트워크 장치의 기능을 가상 환경의 소프트웨어로 구현하는 기술이다. 과거에는 네트워크를 구축할 때 방화벽이나 라우터와 같은 네트워크 기기를 준비해야 했다. 하지만 NFV를 사용하면 가상 서버에 라우터 및 허브와 같은 기기를 소프트웨어로 탑재하므로 구축 후 네트워크를 유연하게 변경할 수 있다. SDN과 혼동하기 쉽지만 SDN은 '소프트웨어에 의한 네트워크 정의(관리 및 구축)'인 반면, NFV는 '네트워크 기능 가상화'를 말한다.

▼ 그림 2-17 NFV

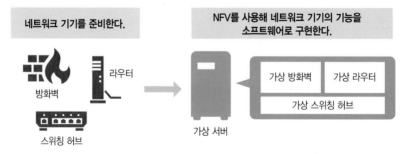

2.11.2 NFV를 구성하는 아키텍처

NFV의 아키텍처는 다음 세 가지로 구성된다.

VNF(Virtual Network Function)

가상화된 네트워크 장비를 나타낸다.

NFVI(NFV Infrastructure)

NFV를 구성하기 위한 물리적 리소스를 나타내며 가상화된 네트워크 장비를
나타내는 VNF(Virtual Network Function)를 제공한다.

NFV MANO(NFV Management and Orchestration)

VNF와 NFVI를 제어한다. 오케스트레이션(orchestration)은 5장에서 다루는 쿠
버네티스에서도 사용하는 용어로, 다수의 소프트웨어나 장비 등을 오케스트라
의 지휘자처럼 통합적으로 제어하는 것을 말한다.

▼ 그림 2-18 NFV를 구성하는 아키텍처

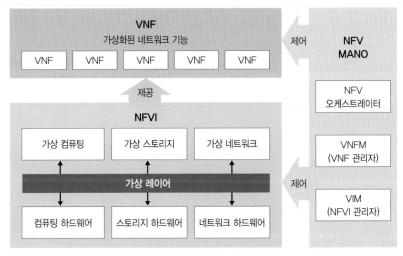

요약

▶ NFV란 가상 환경에서 소프트웨어로서 네트워크 기기의 기능을 구현하는 기술이다.

2.12 SD-WAN: 거점 간 연결을 중앙 집중화한다

SDN의 개념을 WAN(Wide Area Network)으로 확장한 것이 SD-WAN(Software Defined WAN)이다. WAN은 여러 거점을 연결하는 광역 네트워크다. 다시 말해, 광역 네트워크를 중앙 집중화해 가상 네트워크 환경을 구축하는 것이 SD-WAN의 목적이다.

2.12.1 SD-WAN이란

SD-WAN은 SDN과 매우 비슷하지만 그 이름에서 알 수 있듯이 소프트웨어로 WAN을 정의하는 기술이다. WAN은 여러 거점들을 연결하는 광역 네트워크망으로, 접속 시 인터넷 회선 외에 전용선이나 모바일 회선 등을 사용한다. 기업에 따라서는 구분해서 사용하는 곳도 있다.

또한, 최근에는 기업 시스템이 클라우드를 도입하면서 클라우드 서비스에 트래픽도 많이 발생하고 있는데, 이러한 다양한 네트워크 회선을 사용하는 상황에서 최적화할 수 있는 것이 바로 SD-WAN이다. WAN의 네트워크 구성을 변경하는 것은 상당히 힘들지만, 이들을 **소프트웨어로 가상화하고 중앙에서 관리할 수** 있다.

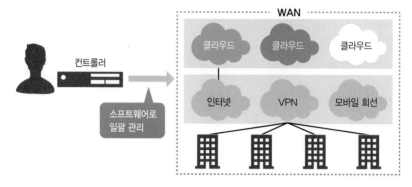

2.12.2 SD-WAN의 기능

SD-WAN에서는 각 사이트에 **CPE**라는 전용 라우터가 있으며 CPE 간에 네트워크를 구축한다. GUI에서 관리하므로 트래픽 상황을 확인하면서 다양한 회선을 조합해 WAN의 부하를 낮추거나 원격 조작할 수 있다. 또한, CPE에는 **제로터치 프로비저닝**이라는 기능이 있으며, 전원을 켜면 인터넷을 통해 설정 정보를 읽어 자동으로 초기 설정을 할 수 있다. 이렇게 하면 WAN을 간편하게 구축할 수 있다.

텔레워크로 네트워크 이용 방법도 크게 바뀌어 유연하게 대응할 수 있는 SD-WAN은 매우 편리하지만, 지금은 한층 더 진화한 SD-WAN 2.0이 주목받고 있다. 미국 사용자 그룹 ONUG(Open Networking User Group)가 2019년에 공개한 SD-WAN 2.0 레퍼런스 아키텍처에서는 멀티 클라우드 연결, 통합 보안 기능 등 사용 사례 요구 사항을 지정하고 있다. 네트워크 가상화는 LAN과 WAN에 머무르지 않으며, 더욱 글로벌한 범위에서 큰 변화가 발생할 수 있다.

▼ 그림 2-20 SD-WAN 2.0 레퍼런스 아키텍처

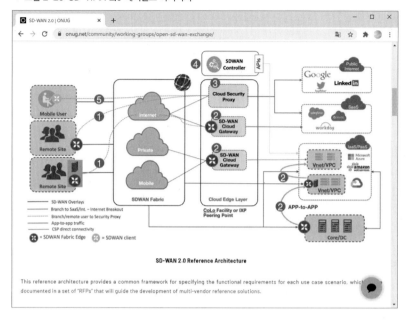

SD-WAN 2.0 Reference Architecture

This reference architecture provides a common framework for specifying the functional requirements for each use case scenario, which documented in a set of "RFPs" that will guide the development of multi-vendor reference solutions.

2.13

클라우드의 네트워크 가상화: AWS, GCP, Azure가 제공 하는 네트워크 가상화 서비스

이번 절에서는 대표적인 클라우드인 AWS, GCP, 애저의 '네트워크 가상화 서 비스'를 소개한다. 1장의 서버 가상화 서비스와 마찬가지로 클라우드에서 제공 하는 다른 서비스와 연동하기 쉽다는 특징이 있다.

2.13.1 아마존 VPC

AWS의 네트워크 가상화 서비스는 **아마존 VPC**(Virtual Private Cloud)다. 아마존 VPC는 공인 또는 사설 네트워크를 구축할 수 있다. 즉, 회사 내에서만 가능한 리소스를 제공할 것인지, 아니면 공용으로도 사용할 수 있는 리소스를 제공할 것인지 아마존 VPC의 옵션으로 설정할 수 있다. 논리적(가상적)으로 분할된 네 트워크를 구축할 때 IP 주소, 서브넷, 게이트웨이 등의 설치를 IPv4 및 IPv6 두 가지에 대해 가상 네트워크에서 관리하거나 제어할 수 있다.

▼ 그림 2-21 아마존 VPC

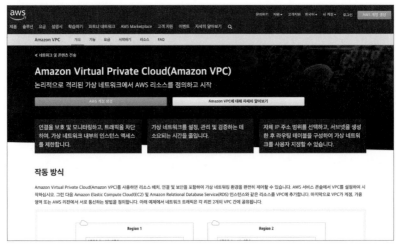

https://aws.amazon.com/ko/vpc

2.13.2 VPC

GCP의 네트워크 가상화 서비스는 **VPC**(Virtual Private Cloud)다. VPC 네트워크
는 GCE, GKE(Google Kubernetes Engine)(5.2절 참조), App Engine 등의 리소
스에 접속할 수 있다. 구글 VPC 네트워크 역시 아마존 VPC와 마찬가지로 사설
및 공용 네트워크 환경을 가상으로 구축해 제어나 관리에 유연하게 대응할 수
있다. 또한, VPC 네트워크는 온프레미스와 하이브리드 환경으로 사용할 수 있
다. 이를 위해서 동일한 GCP 서비스인 Cloud VPN이나 Cloud Interconnect
라는 서비스를 사용하면 안전하게 데이터 통신할 수 있다.

▼ 그림 2-22 VPC

https://cloud.google.com/vpc/?hl=kr

2.13.3 가상 네트워크

애저의 네트워크 가상화는 **가상 네트워크**(Virtual Network)다. 가상 네트워크 역시 앞에서 설명한 두 가상 네트워크 서비스와 마찬가지로 사설 및 공용 네트워크 환경을 유연하게 구축할 수 있으며, 서브넷 사이의 트래픽 전체를 세세하게 제어할 수 있다. 가상으로 나눈 네트워크를 구축할 때 안전하게 가상 서버나 애플리케이션을 구현할 수 있다. 또한, 가상 네트워크에 의해 애저 환경을 데이터 센터처럼 취급할 수 있다. 애저 사이의 트래픽은 여러 리전(지역)에 걸쳐서 구축하는 경우에도 일반적인 인터넷을 통해 송수신되는 경우는 없다. 모두 애저의 가상 네트워크에서 송수신된다.

▼ 그림 2-23 가상 네트워크

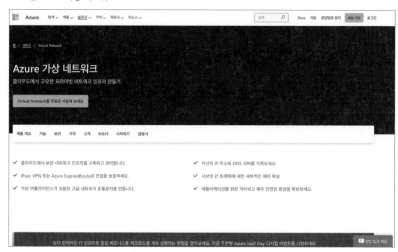

https://azure.microsoft.com/ko-kr/services/virtual-network

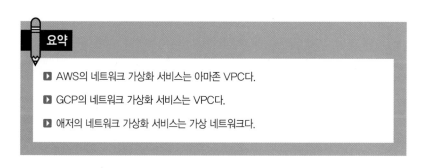

요약

▶ AWS의 네트워크 가상화 서비스는 아마존 VPC다.

▶ GCP의 네트워크 가상화 서비스는 VPC다.

▶ 애저의 네트워크 가상화 서비스는 가상 네트워크다.

memo

3^장

컨테이너 기술과 기초 지식

컨테이너 기술은 서버 가상화의 하나이며, 시스템 구축 환경으로 인기가 많다. 컨테이너 기술로는 '도커'가 유명하다. 이 장에서는 컨테이너 기술의 역사와 장점을 살펴보며 기초 지식을 학습한다.

3.1 컨테이너 기술의 역사: 의외로 오래된 컨테이너 기술의 기원

서버 가상화의 하나인 컨테이너 기술은 서비스 개발 기술로 인기가 많으며 중요한 기술이다. 따라서 이번 절에서는 컨테이너 기술에 대해서 자세하게 설명한다. 우선 컨테이너 기술의 역사를 살펴보자.

3.1.1 컨테이너 기술의 역사

컨테이너 기술의 역사는 의외로 오래되었다. 최초의 컨테이너 기술은 1979년에 등장한 유닉스(Unix)의 **chroot** 명령어다. 이 명령어의 기능은 애플리케이션이 지정된 디렉터리만 접근하도록 제한하는 것이었다. 각 디렉터리마다 프로세스를 분리해 사용하므로 특정 애플리케이션의 프로세스가 다른 애플리케이션의 프로세스에 영향을 미치지 않는다. 이처럼 컨테이너형 가상화는 **애플리케이션을 격리하는 기술**이라고도 할 수 있다.

❤ 그림 3-1 컨테이너의 기본 원리

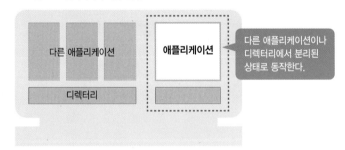

다른 애플리케이션이나 디렉터리에서 분리된 상태로 동작한다.

이후 컨테이너 기술의 성장기를 지나, 지금까지도 여전히 대표적인 컨테이너형 가상화 소프트웨어로 불리는 **도커**가 2013년에 등장한다. 덕분에 호스트 OS형이나 하이퍼바이저형에 비해 **간단하게 서버 가상화를 실현**할 수 있게 되었다. 하지만 사용 빈도가 높아지고 대량 컨테이너를 동시에 사용하게 되면서 컨테이너 관리가 번거로워진다는 문제가 부각되었다. 이 문제를 해결하기 위한 소프트웨어로 **쿠버네티스**(kubernetes)가 개발되었다. 쿠버네티스는 **컨테이너 오케스트레이션 도구**이며, 많은 컨테이너를 오케스트레이션(배포 및 관리)할 수 있다.

▼ 그림 3-2 컨테이너 기술의 역사

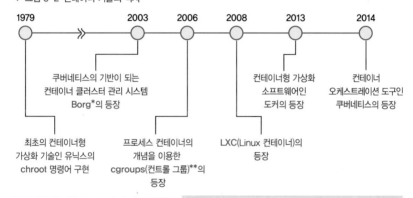

요약

▶ 최초의 컨테이너 기술인 유닉스의 chroot 명령어는 애플리케이션이 지정한 디렉터리에만 접근하도록 한정할 수 있었다.

▶ 컨테이너형 가상화 소프트웨어인 도커의 등장으로 간단하게 서버 가상화를 실현할 수 있게 되었다.

▶ 컨테이너 오케스트레이션 도구인 쿠버네티스가 등장하면서 컨테이너 관리가 쉬워졌다.

3.2 컨테이너 기술의 장점: 가상 서버를 손쉽게 구축할 수 있다

2장에서는 서버 가상화의 세 종류인 호스트 OS형, 하이퍼바이저형, 컨테이너형을 설명했다. 이번 절에서는 다른 서버 가상화와 컨테이너형을 비교하면서 컨테이너 기술의 장점에 대해 설명한다.

3.2.1 컨테이너 기술의 장점

컨테이너 기술은 가상 머신이나 게스트 OS가 필요 없다. 따라서 컨테이너를 생성하자마자 애플리케이션을 배포해 가상 서버를 구축할 수 있다. 이러한 간편함이 컨테이너 기술의 최대 장점이다. 대표적인 컨테이너형 가상화 소프트웨어인 도커는 주요 애플리케이션 및 라이브러리의 컨테이너 이미지를 모은 도커 허브라는 서비스를 제공한다. 이 서비스 덕분에 간단한 서버인 경우, 명령어 하나만 실행하면 가상 서버 컨테이너를 시작할 수 있다.

▼ 그림 3-3 호스트 OS형과 컨테이너형의 비교

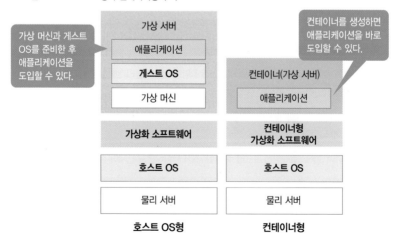

게스트 OS가 없다는 것은 컨테이너 내 애플리케이션도 호스트 OS의 기능(커널)을 이용해 움직인다는 것이다. 그러나 파일 시스템이 독립적이기 때문에 호스트 OS 내에 설치된 다른 애플리케이션이나 파일 등의 영향을 받지 않는다.

3.2.2 데이터를 컨테이너에 포함하지 않는다

컨테이너 기술에서는 가능한 한 데이터를 컨테이너에 포함하지 않는 것이 기본이다. 호스트 OS형이나 하이퍼바이저형의 경우 애플리케이션이 기록하는 데이터는 가상 서버에 있다. 따라서 가상 서버가 고장 나면 데이터도 손실될 수 있다. 컨테이너 기술에서 컨테이너에 데이터를 포함할 수 있지만 일반적으로 애플리케이션용 컨테이너와 데이터는 분리된다. 또한, 데이터를 저장할 호스트 OS 디렉터리를 지정할 수 있다. 따라서 애플리케이션용 컨테이너를 삭제해도 데이터는 손실되지 않으며 새 컨테이너에서 데이터를 사용할 수 있다.

❤ 그림 3-4 데이터는 컨테이너를 포함하지 않는다

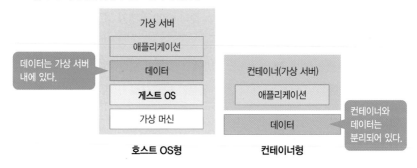

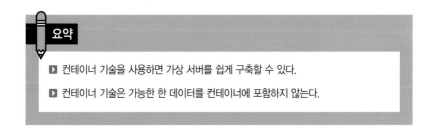

요약

▶ 컨테이너 기술을 사용하면 가상 서버를 쉽게 구축할 수 있다.

▶ 컨테이너 기술은 가능한 한 데이터를 컨테이너에 포함하지 않는다.

3.3 데브옵스와 컨테이너 기술 : 개발과 운영이 원활하게 연계 되도록 도와준다

데브옵스(DevOps)는 개발(Development)과 운영(Operations)을 합쳐서 만든 용어다. 이번 절에서는 컨테이너 기술로 구현하는 데브옵스에 대해 살펴본다.

3.3.1 데브옵스란

데브옵스는 개발자와 운영자가 협력해 서비스를 제공하는 방법이다. 데브옵스는 개발 및 운영 사이클을 다음 그림과 같은 그래프로 나타낸다. 왼쪽의 DEV(개발자 쪽) 서클은 서비스 개발 과정이 계획(Plan), 코드(Code), 빌드(Build), 테스트(Test) 순으로 진행되는 것을 말한다. 반면 오른쪽의 OPS(운영자 쪽) 서클은 서비스의 운영 과정이 출하(Release), 배포(Deploy), 운영(Operate), 감시(Monitor) 순으로 진행되며 그 결과를 기반으로 서비스 개발에 연결하기 위한 '계획'이 수행됨을 나타낸다. 개발자와 운영자는 각각 담당 업무가 다르므로 연계할 수 없는 경우가 많기 때문에 두 서클이 잘 돌아가지 않는다. 따라서 개발자와 운영자가 협력해 서비스를 신속하게 제공하는 것이 데브옵스의 사고 방식이다.

▼ 그림 3-5 데브옵스

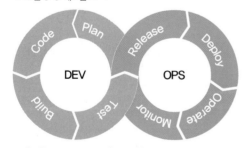

※데브옵스 – Wikipedia(https://ko.wikipedia.org/wiki/DevOps) 인용

3.3.2 데브옵스와 컨테이너 기술

데브옵스를 실현하기 위한 수단과 도구는 정해진 것이 없다. 다만 데브옵스에서 개발과 운영이라는 두 서클을 더욱 원활하게 돌리기 위해 컨테이너 기술을 자주 사용한다.

예를 들어, 개발 환경에서는 정상적으로 작동했지만 운영 환경에서는 오류가 발생해 작동하지 않는 경우가 자주 발생한다. 이는 기계 성능에 따른 차이나 운영 환경에 설치되어 있던 서비스와 충돌하는 것과 같은 요인일 수 있다. 그러나 컨테이너 기술은 애플리케이션을 실행하는 데 필요한 프로그램과 라이브러리를 하나의 패키지로 결합하므로 컨테이너를 그대로 다른 서버로 옮겨도 작동한다. 이와 같이 컨테이너는 이식성(휴대성, 4.4.3절 참조)이 매우 높기 때문에, 개발 환경에서 사용하던 컨테이너를 운영 환경에서도 그대로 이용할 수가 있다. 컨테이너 기술은 데브옵스의 개념인 **개발과 운영을 원활하게 연계하도록 도와준다.**

❤ 그림 3-6 컨테이너의 이용에 따른 개발과 운영을 원활하게 연계

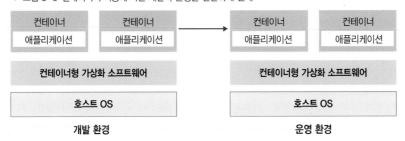

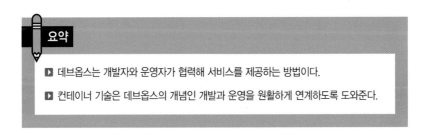

- ▶ 데브옵스는 개발자와 운영자가 협력해 서비스를 제공하는 방법이다.
- ▶ 컨테이너 기술은 데브옵스의 개념인 개발과 운영을 원활하게 연계하도록 도와준다.

3.4 주요 컨테이너 기술: 도커 이외의 다양한 컨테이너 기술

이 책에서는 도커를 컨테이너 기술의 중심으로 소개하고 있다. 그러나 컨테이너 유형의 가상화는 도커만 있는 것이 아니다. 이 절에서는 주요 컨테이너 기술을 소개한다.

3.4.1 도커 이외의 컨테이너 기술

컨테이너라고 하면 도커라고 말할 정도로 도커는 널리 보급되고 있다. 사실 이 책에서도 장을 나누어 설명하고 있지만, 도커 외에도 다양한 컨테이너 기술이 있다. 컨테이너 기술은 리눅스에서 발전했기 때문에 리눅스에는 컨테이너형 가상화를 실현하는 소프트웨어가 많다.

❤ 표 3-1 리눅스의 컨테이너 기술

종류	설명
LXC(Linux Containers)	리눅스 커널이 가지고 있는 기능을 이용한 컨테이너형 가상화 소프트웨어다. 하나의 리눅스 커널 위에 여러 리눅스를 동작시킬 수 있다.
libvirt	레드햇을 중심으로 한 오픈 소스 프로젝트로 가상 머신 관리를 제공하는 API다.
libcontainer	도커를 구성하는 리눅스 커널 가상화 라이브러리다.
systemd-nspawn	chroot 명령어에서 강화된 버전이다. 디렉터리 구조를 컨테이너화할 뿐만 아니라 프로세스 트리 및 다양한 호스트 도메인 이름도 가상화할 수 있다.
cgroups	리눅스 커널에 포함된 기능으로, 프로세스 관리에 따라 이용을 제한하거나 접근을 제어한다.
CRIU	작성한 체크포인트까지 복원하는 기능을 제공한다.

아무리 컨테이너 기술이 리눅스에서 발전된 것이라 하더라도 윈도가 컨테이너 기술이 뒤떨어지는 느낌은 부정할 수 없다. 하지만 윈도에서도 컨테이너를 실행할 수는 있다.

3.4.2 컨테이너디와 크라이오

도커 외에도 다양한 컨테이너 런타임[1]이 있지만, 여기서는 **컨테이너디**(containerd)와 **크라이오**(cri-o)를 설명한다.

컨테이너디는 원래 도커의 일부분이었지만 도커에서 떨어져 나와 공개되었다. 현재 업계 표준으로 사용되는 컨테이너 런타임이며, 도커도 내부에서는 컨테이너디를 사용한다. 컨테이너디로 컨테이너 이미지를 전송하거나 컨테이너를 실행 및 감시하고, 컨테이너의 라이프 사이클 등을 관리한다.

크라이오는 경량 컨테이너 런타임으로, 컨테이너를 관리하기 위한 도구인 쿠버네티스에 특화되어 있다(5장 참조). 또한, 컨테이너디와 크라이오 모두 **CRI**(Container Runtime Interface)에 근거하고 있다. CRI는 쿠버네티스와 컨테이너 런타임이 통신할 때 사용하는 규정이다. 이 규정 덕분에 도커 외에도 쿠버네티스에 컨테이너 런타임을 사용하기 쉬워졌다.

---

1   역주 컨테이너를 실행하거나 관리하는 소프트웨어

▼ 그림 3-7 컨테이너디와 크라이오

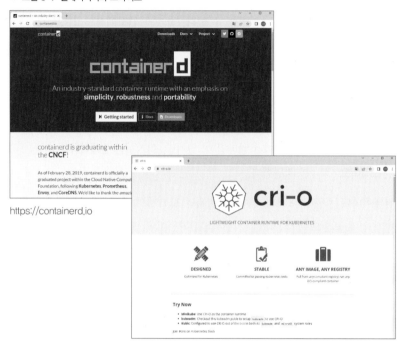

https://containerd.io

https://cri-o.io

3.5 마이크로서비스: 컨테이너와 궁합이 좋은 설계 기법

마이크로서비스는 서비스 설계 기법 중 하나이며 서버를 간편하게 구축할 수 있는 컨테이너 기술과 궁합이 좋다. 지금까지 배운 컨테이너의 특징을 떠올리면서 마이크로서비스와 왜 궁합이 좋은지 살펴보자.

3.5.1 마이크로서비스와 모놀리스

마이크로서비스는 의존 관계가 없는 여러 작은 서비스를 조합해 큰 서비스로 제공하는 **설계 기법**이다. 반면에 하나의 큰 기능을 단일의 서비스로 제공하는 설계 기법을 영어로 '한 개의 큰 바위'를 의미하는 **모놀리스**(monolith)라고 한다. 마이크로서비스의 특징은 큰 서비스를 구성하는 작은 서비스 각각을 독립적으로 가동할 수 있다는 점이다. 따라서 기능 파악, 장애 분리, 병렬 개발, 변경 등을 쉽게 수행할 수 있다.

❤ 그림 3-8 모놀리스와 마이크로서비스

3.5.2 마이크로서비스와 컨테이너

컨테이너 기술은 애플리케이션마다 컨테이너를 만들고 이들을 서로 연결해 하나의 큰 서비스를 만들 수 있다. 따라서 **마이크로서비스는 컨테이너와 궁합이 매우 좋다.** 호스트 OS형 가상화 등을 사용해 마이크로서비스를 구축할 수 있지만 애플리케이션마다 환경을 구축해야 한다. 하지만 컨테이너는 생성 비용이 매우 낮기 때문에 애플리케이션마다 컨테이너를 만드는 것이 간단하다.

반면에 여러 서비스를 여러 컨테이너로 구축하면 상당히 복잡해지므로 대규모 마이크로서비스에서는 컨테이너 오케스트레이션 도구의 도입이 필요할 것이다.

▼ 그림 3-9 마이크로서비스를 컨테이너 기술로 구축

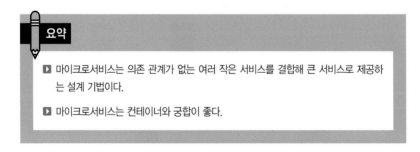

요약

▶ 마이크로서비스는 의존 관계가 없는 여러 작은 서비스를 결합해 큰 서비스로 제공하는 설계 기법이다.

▶ 마이크로서비스는 컨테이너와 궁합이 좋다.

3.6 컨테이너와 서버리스의 비교: 서비스 개발의 두 가지 주요 흐름

컨테이너 외에도 최근 인기가 많은 서비스 개발 기술에는 '서버리스(serverless)'가 있다. 실제로 개발할 때 컨테이너와 서버리스 중 어느 쪽을 사용하면 좋을지 고민하는 경우도 있다. 이번 절에서는 이 두 개발 기법을 비교해 본다.

3.6.1 서버리스란

서버리스는 server(섬기는 사람)가 less(없음)라는 의미로, 서버가 존재하지 않는 환경을 가리킨다. 그러나 서버 없이 서비스를 구축할 수 있을까?

서버리스는 주로 클라우드에서 제공되는 서비스다. 최소 단위는 기능(function)이 있으며 사용자로부터 요청이 있을 때만 가동되고 처리가 끝나면 종료한다. 실제로는 서버가 응답하는 것이지만 클라우드 운영자가 관리하므로 개발자가 의식할 필요가 없다. 즉, 서버리스란 서버가 존재하지 않는 것이 아니라 **개발자가 의식적으로 서버를 관리할 필요가 없는 것뿐이다.**

▼ 그림 3-10 서버리스의 특징

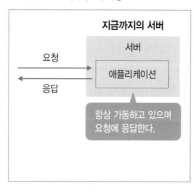
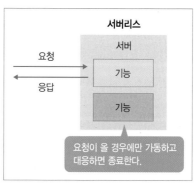

1.4절에서는 클라우드 서비스의 분류인 SaaS, PaaS, IaaS에 대해 설명했다. 서버리스는 SaaS와 PaaS의 중간 분류인 **FaaS**(Function as a Service)로 지정된다. 서버리스를 제공하는 서비스 중에서는 AWS의 **AWS Lambda**가 유명하다.

▼ 그림 3-11 AWS Lambda

https://aws.amazon.com/ko/lambda

3.6.2 서버리스의 장단점

서버리스의 장점은 다음과 같다.

- 사용한 만큼만 과금된다. 사용하지 않는 시간대에는 비용이 발생하지 않는다.
- 서버를 관리할 필요가 없다.
- 개발 리소스를 생략할 수 있다.

서버리스는 프로그램의 '기능'이 최소 단위이기 때문에, 시간에 따른 과금이 아니고, 그 함수를 사용한 만큼만 종량 과금이 된다.

단점은 다음과 같다.

- 자유도와 휴대성이 낮다.

- 리소스 제한이 있고 장시간 처리에 적합하지 않다.
- 표준화가 되어 있지 않다.

3.6.3 컨테이너와 서버리스의 차이

컨테이너는 리눅스 또는 윈도가 있으면 실행할 수 있지만 서버리스는 주로 클라우드에서 실행된다. 또한, 컨테이너는 '애플리케이션'이라는 단위로 구성되어 있지만 서버리스는 '기능'이라는 더 작은 단위로 구성되어 있다. 따라서 서버리스는 비교적 짧은 시간 안에 처리하는 데 사용된다. 예를 들어, 어떤 장소에 이미지가 업로드되면 서버리스에 등록한 기능이 가동되고 그 이미지가 조절되거나 썸네일이 자동으로 생성되는 등의 방식으로 주로 사용된다. 그러나 특정 클라우드에서 개발한 기능을 다른 클라우드 벤더로 이전하는 것은 난이도가 높기 때문에 컨테이너가 자유도와 휴대성이 훨씬 더 높다.

이렇듯 컨테이너와 서버리스는 원래 다른 기술이다. 각각 장단점이 있으며 알맞는 서비스도 다르다. 또한, 컨테이너와 서버리스를 모두 통합해 서비스를 구축하는 것이 좋은 경우도 있다. 실제로 컨테이너의 실행 환경을 클라우드 사업자가 관리해 주는, 컨테이너와 서버리스의 특징을 겸비한 서비스(6.4절, 6.6절, 6.8절 참조)도 제공되기 시작하였다. 따라서 자신이 만들고 싶은 서비스의 특징에 맞게 어떤 기술을 사용해야 하는지 충분히 검토할 필요가 있다.

요약

▶ 서버리스란 서버가 존재하지 않는 것이 아니라 개발자가 의식적으로 서버를 관리할 필요가 없는 것을 말한다.

▶ 서버리스는 FaaS로 분류된다.

▶ 서버리스는 서버를 관리할 필요가 없지만 자유도나 휴대성이 낮다.

memo

4장

컨테이너형 가상화
소프트웨어, 도커

컨테이너라고 하면 '도커'라고 할 정도로, 사실상 도커는 컨테이너
형 가상화 소프트웨어의 표준이 되었다. 도커는 자유도가 높고 다양
한 서비스를 구축할 수 있다. 이번 장에서는 도커에 대해 알아보자.

4.1 도커: 사실상 컨테이너 기술의 표준

지금까지 가상화와 컨테이너의 기초 지식에 대해 설명했다. 이 장에서는 사실상 컨테이너 기술의 표준인 도커에 대해 설명한다. 먼저 도커의 개요와 특징을 살펴보자.

4.1.1 도커란

도커(https://www.docker.com)는 컨테이너를 실행하거나 컨테이너 이미지(컨테이너를 실행하기 위한 템플릿)를 만들고 배포하는 플랫폼이다. 도커는 응용 프로그램을 실행 환경 단위로 패키지화해 컨테이너 이미지를 만든다. 컨테이너 이미지는 컨테이너 레지스트리를 통해 개발 환경에서 프로덕션 환경으로 배포할 수 있다. **실행 환경별로 패키지화하기 때문에 개발이나 운영 환경에서 동일한 방식으로 응용 프로그램을 실행할 수 있다.**

도커는 유연성, 느슨한 결합도 등과 같은 특징을 바탕으로 구축되었다. 도커의 작동 방식을 공부하려면 그림 4-1을 이해하는 것이 중요하다.

▼ 그림 4-1 도커의 특징

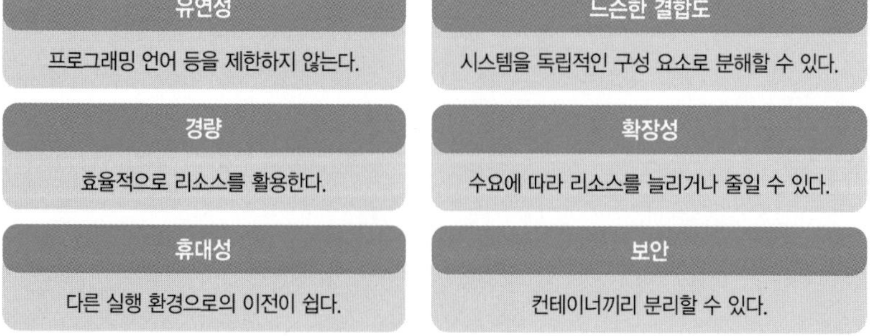

유연성	느슨한 결합도
프로그래밍 언어 등을 제한하지 않는다.	시스템을 독립적인 구성 요소로 분해할 수 있다.
경량	확장성
효율적으로 리소스를 활용한다.	수요에 따라 리소스를 늘리거나 줄일 수 있다.
휴대성	보안
다른 실행 환경으로의 이전이 쉽다.	컨테이너끼리 분리할 수 있다.

4.1.2 도커의 장점

도커를 사용하면 응용 프로그램의 속도가 빠르고, 릴리스하는 데 큰 문제가 없으며, **응용 프로그램**을 배포하기 쉽고(프로그램을 배포하고 시스템을 사용 가능한 상태로 만드는 것), 확장할 수도 있다. 물론 도커가 이러한 과제만 해결할 수 있는 것은 아니지만 이러한 과제의 해결 방법을 제공하는 것이 장점이다.

4.1.3 도커 엔진이란

도커 엔진은 컨테이너 및 컨테이너 이미지를 관리하는 응용 프로그램이다. 도커 엔진은 클라이언트 서버 유형의 응용 프로그램이며 클라이언트인 도커 클라이언트에서 서버인 도커 데몬의 API에 접속해 컨테이너 및 컨테이너 이미지에 대한 다양한 작업을 수행할 수 있다. **도커 클라이언트**에서 도커 데몬 API에 접속하려면 도커 명령어(4.11절 참조)를 실행한다. 이러한 도커 엔진이나 도커 클라이언트를 '도커'라고 부르는 경우도 있다.

▼ 그림 4-2 도커 엔진의 구조

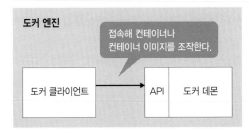

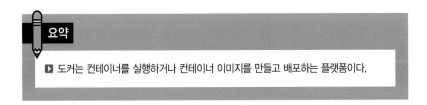

요약

▶ 도커는 컨테이너를 실행하거나 컨테이너 이미지를 만들고 배포하는 플랫폼이다.

4.2 도커가 주목받는 이유: 도커의 역사와 발전을 되돌아보자

도커는 어떻게 여러 컨테이너 기술 중에 업계 표준이 되었을까? 이번 절에서는 도커의 역사와 발전을 되돌아보며 도커가 주목받는 이유를 살펴보자.

4.2.1 도커의 역사

도커는 2013년 3월 파이썬 컨퍼런스의 라이트닝 토크에서 솔로몬 하익스 (Solomon Hykes)가 소개했다. 2014년 6월에는 도커 엔진 버전 1.0을 일반적으로 사용할 수 있었고, 같은 해 12월에는 도커의 다운로드 횟수가 1억 회를 돌파했다. 그 후 2016년 6월에 출시된 도커 버전 1.12에서는 도커 표준 컨테이너 오케스트레이션 기능인 스웜 모드(4.10절 참조)가 추가되고 2017년 10월에는 컨테이너 오케스트레이션 도구의 사실상 표준인 쿠버네티스가 도커 엔터프라이즈(Docker Enterprise)에 통합되었다. 또한, 2018년 4월에는 도커 엔터프라이즈 2.0이 발표되었고 2019년 4월에는 도커 엔터프라이즈 3.0이 발표되었다. 도커는 지금도 계속 발전하고 있다.

▼ 그림 4-3 도커의 역사

2013년 03월	○	파이썬 컨퍼런스의 라이트닝 토크에서 솔로몬 하익스가 소개
2014년 06월	○	도커 엔진 버전 1.0 사용 가능
2014년 12월	○	도커 다운로드 횟수 1억 회 돌파
2016년 06월	○	컨테이너 오케스트레이션 기능인 스웜 모드 추가
2017년 10월	○	컨테이너 오케스트레이션 도구인 쿠버네티스가 도커 엔터프라이즈에 통합
2018년 04월	○	도커 엔터프라이즈 2.0 발표
2019년 04월	○	도커 엔터프라이즈 3.0 발표

4.2.2 도커의 주목도

구글 트렌드(구글에서 얼마나 검색되고 있는지 확인할 수 있는 도구)에서 모든 국가를 대상으로 '도커'를 키워드로 검색하면, 약간 차이는 있지만 2013년 이후 대체로 오른쪽이 상승하는 형태다. 이는 갈수록 주목도가 올라가는 추이라는 의미다. 다시 말해, 도커에 대한 관심이 세계적으로 높아지고 있다고 할 수 있다. 한국[1]만을 대상으로 '도커'라는 키워드로 검색해도 모든 국가를 대상으로 한 경우와 마찬가지로 2013년 이후 대체로 오른쪽이 상승하는 형태로 주목도가 올라가는 추이다. 국내에서도 도커에 대한 관심이 높아지고 있다고 추측할 수 있다.

1 　역주 원문은 일본이나 한국으로 변경함

▼ 그림 4-4 '모든 국가'를 대상으로 한 검색 결과

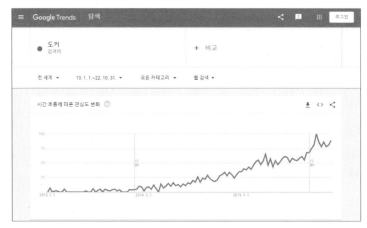

▼ 그림 4-5 '한국'을 대상으로 한 검색 결과

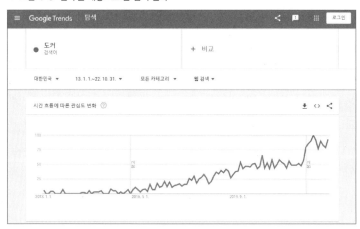

4.2.3 도커가 주목받는 이유

도커는 컨테이너화한 애플리케이션을 위한 플랫폼으로 사실상 업계 표준이 되었다. 도커가 이렇게 주목받는 데는 여러 이유가 있지만, 그중 하나는 도커가 소프트웨어 개발자와 시스템 관리자에게 훌륭한 사용자 경험을 제공했다는 점

이다. 즉, 도커는 사용하기 쉽다. 도커의 철학은 '사용자 우선'을 내포하고 있으며, 훌륭한 사용자 경험을 제공하고 다른 실행 환경으로 쉽게 마이그레이션할 수 있는 도구가 되는 것을 목표로 하고 있다.

도커가 탄생하기 전에도 LXC(3.4절 참조) 등 컨테이너 기술이 존재했지만 도커만큼 보급되지는 않았다. 또한, 도커가 탄생한 시기는 클라우드가 보급된 시기와 겹친다. 도커의 장점은 온프레미스에서 클라우드로 쉽게 마이그레이션할 수 있는 이식성(4.4.3절 참조)뿐만 아니라, 높은 가용성과 확장성을 갖춘 애플리케이션을 쉽게 개발할 수 있다는 점이다.

▼ 그림 4-6 도커가 주목받는 이유

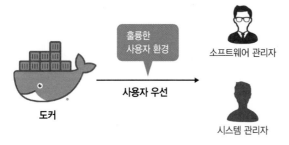

4.2.4 컨테이너 기술의 발전을 지원하는 OCI

컨테이너 형식과 실행 환경에 관한 개방형 업계 표준을 수립하기 위해 진행했던 **OCI**(Open Container Initiative)라는 프로젝트가 있다. OCI는 2015년 6월에 도커 및 CoreOS 사를 비롯한 컨테이너 기술을 선도하는 기업에 의해 출범되었다. 발족 당시 OCI는 컨테이너의 실행 환경 등에 관한 사양인 Runtime Specification과 컨테이너 이미지 등에 관한 사양인 Image Format Specification의 두 표준을 규정했다. OCI의 구성원은 유명한 기업으로 이루어져 있으며, 표준 책정을 통해 컨테이너 기술의 발전을 지원하고 있다.

❤ 그림 4-7 OCI의 구성원

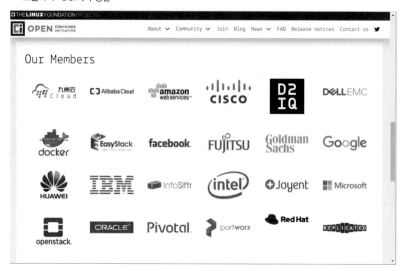

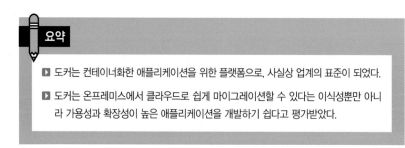

요약

▶ 도커는 컨테이너화한 애플리케이션을 위한 플랫폼으로, 사실상 업계의 표준이 되었다.

▶ 도커는 온프레미스에서 클라우드로 쉽게 마이그레이션할 수 있다는 이식성뿐만 아니라 가용성과 확장성이 높은 애플리케이션을 개발하기 쉽다고 평가받았다.

4.3 도커 컨테이너: 외부의 영향을 받지 않는 독립된 환경

도커는 컨테이너를 실행하거나 컨테이너 이미지를 생성 및 배포하는 플랫폼이라고 설명했다. 그런데 대체 컨테이너란 무엇일까? 2장과 3장에서도 설명했지만 다시 한번 컨테이너의 개념에 대해서 살펴보자.

4.3.1 컨테이너란

컨테이너는 운영 체제에서 실행되는 프로세스다. 프로세스는 프로그램의 실행 단위이며, '실행 중인 프로그램'이라고도 할 수 있다. 컨테이너가 일반 프로세스와 다른 점은 다른 프로세스와 격리되도록 설정되어 있다는 점이다. 컨테이너를 사용하면 외부 영향을 받지 않는 독립적인 환경에서 프로세스를 실행할 수 있다. 컨테이너를 외부와 격리하기 위해 네임스페이스(4.8절 참조)라는 구조를 사용한다. 네임스페이스의 원리에 따라 프로세스 ID 및 네트워크 인터페이스를 비롯한 다양한 것들을 격리할 수 있다.

▼ 그림 4-8 컨테이너란

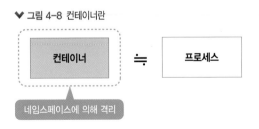

4.3.2 파일 시스템의 격리

네임스페이스의 작동 방식을 구현하는 데 특히 중요한 것은 파일 시스템의 격리다. 파일 시스템은 운영 체제의 기능 중 하나이며 파일 시스템에 의해 데이터를 '파일' 단위로 읽고 쓸 수 있다. 파일 시스템은 프로세스를 실행하는 데 필요한 다양한 파일(프로그램 및 설정 등)을 포함하며 프로세스가 올바르게 작동하는 환경을 제공한다.

일반 프로세스는 운영 체제의 파일 시스템을 다른 프로세스와 공유하는 데 사용하는 반면, 컨테이너는 컨테이너 전용 독립 파일 시스템을 사용한다. 네임스페이스에서 파일 시스템을 격리하는 방식은 컨테이너 내 프로세스가 yum 및 apt와 같은 패키지 관리 시스템에 설치된 패키지에 의존하는 경우 특히 유용하다. 여기서 말하는 **패키지**란 어떤 기능을 제공하는 프로그램을 한꺼번에 배포 형식으로 만든 것이며, **패키지 관리 시스템**이란 패키지의 설치나 종속성을 관리하는 시스템이다.

대부분의 경우 운영 체제의 파일 시스템에 다른 버전의 패키지가 공존하기는 어렵지만, 컨테이너를 사용해 파일 시스템을 격리한다면 다른 버전의 패키지가 공존할 수 있다.

❤ 그림 4-9 파일 시스템의 격리

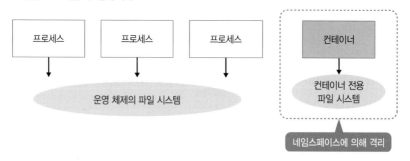

4.3.3 컨테이너와 가상 서버의 차이

컨테이너와 가상 서버는 매우 비슷하다. 여기서 가상 서버란 호스트 OS형 가상화나 하이퍼바이저형 가상화에서 가상화 소프트웨어와 게스트 OS 사이에 있는 가상적인 하드웨어를 말한다. 이 둘은 혼동하기 쉽기 때문에 도커가 등장한 지 얼마 되지 않았을 때는 도커 컨테이너 내 monit 등의 프로세스 감시 도구로 웹 서버나 데이터베이스 관리 시스템을 기동해 SSH(서버를 원격 조작하기 위한 프로토콜)에서 접근하고 관리하는 등 가상 컴퓨터처럼 컨테이너를 운영하는 사례가 종종 발견되었다. 2장에서 컨테이너와 다른 서버 가상화의 차이점을 설명했지만 다시 한번 정리해 보자.

컨테이너와 가상 서버 사이에는 다음과 같은 결정적인 차이가 있다. 첫째, 컨테이너는 본질적으로 프로세스와 동일하며 네임스페이스와 같은 방식으로 다른 컨테이너와 프로세스에서 격리된다. 반대로 가상 서버는 하드웨어를 모방하는 소프트웨어이며, 가상 서버에 운영 체제를 설치해 다른 가상 서버나, 가상 서버를 실행하는 물리 서버와 격리한다. 따라서 컨테이너는 다른 컨테이너나 프로세스와 운영 체제(정확하게는 커널이라고 하는 운영 체제의 핵심 부분)를 공유하는 반면, 가상 서버는 다른 가상 서버나 물리 서버와 운영 체제를 공유하지 않는다. 또한, 컨테이너는 프로세스 그 자체이므로 가상 서버에 비해 빠르게 작동한다. **컨테이너를 가상 서버와 비슷하다고 생각하는 것보다 특수한 프로세스로 생각하는 편이 이해하기 쉽다.**

❤ 그림 4-10 컨테이너와 가상 서버의 차이

	게스트 OS
컨테이너 ≒ 프로세스	가상 서버 (가상 하드웨어)
컨테이너형 가상화 소프트웨어	가상화 소프트웨어
호스트 OS	호스트 OS
물리 서버	물리 서버
컨테이너	**가상 서버**

4.3.4 어떻게 컨테이너에 운영 체제를 탑재할 수 있을까?

지금까지 컨테이너는 운영 체제를 공유한다고(게스트 OS 없음) 설명했다. 그러나 컨테이너는 CentOS나 우분투 등의 운영 체제를 올릴 수도 있다. CentOS 및 우분투와 같은 운영 체제를 정확하게는 **배포판**이라고 한다. 배포판은 리눅스 커널과 그 외의 소프트웨어(셸이나 에디터 등)를 하나로 모아 놓은 것이다. 리눅스 커널은 모든 배포판에 포함되지만 그 외의 소프트웨어는 배포판에 따라 다르다. 이 차이가 배포판의 특징이다. 다시 컨테이너를 살펴보면 컨테이너는 호스트 머신의 운영 체제(커널)를 이용하고 있지만, 어떤 컨테이너가 우분투에 포함되는 소프트웨어 세트를 갖추고 있다면 그 컨테이너 내에서 실행되는 프로세스를 마치 우분투에서 실행되는 것처럼 보이게 할 수 있다.

이와 같이 '우분투에 포함되는 소프트웨어를 갖춘 컨테이너'나 'CentOS에 포함되는 소프트웨어를 갖춘 컨테이너' 등을 이용하면 가상 서버처럼 게스트 OS를 사용하지 않고도 여러 운영 체제(배포판)가 공존할 수 있다.

▼ 그림 4-11 컨테이너에는 우분투 등의 운영 체제를 탑재할 수 있다

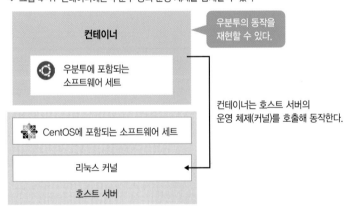

지금까지 호스트 OS가 리눅스라는 것을 전제로 설명했지만 윈도나 맥OS의 경우도 컨테이너가 호스트 서버에 존재하는 운영 체제(커널)를 호출해 동작하기는 마찬가지다. 호스트 OS가 윈도 또는 맥OS인 경우 도커 데스크톱(윈도 및 맥OS용 도커 소프트웨어, 4.11절 참조)을 설치하면 컨테이너형 가상화 소프트웨어에 리눅스 가상 시스템이 구축된다. 컨테이너는 리눅스 가상 서버에서 동작하도록 구성된다.

4.3.5 컨테이너가 있다면 가상 서버는 필요 없을까?

컨테이너와 가상 서버는 격리하는 방법에 차이가 있지만 격리된 환경을 제공한다는 점에서는 공통점이 있다. 더구나 컨테이너가 가상 서버보다 더 빠르게 동작한다면 컨테이너가 가상 서버보다 좋아 보일 수도 있다. 그러나 꼭 그런 것만은 아니다. 컨테이너는 운영 체제를 공유하므로 운영 체제 버전의 차이와 호환성에 따라 제대로 작동하지 않을 수 있다. '컨테이너는 항상 어디에서나 동작한다'고 생각하기 쉽지만 운영 체제의 차이에 따라 동작하지 않는 경우도 있음을 알고 있어야 한다.

반면에 가상 서버는 각각 운영 체제를 설치하므로 운영 체제를 포함한 동일한 환경을 재현할 수 있다. 컨테이너가 있다고 필요 없는 것이 아니라 가상 서버역시 중요한 기술이다.

❤ 그림 4-12 운영 체제 버전의 차이에 의해 컨테이너가 동작하지 않는 경우도 있다

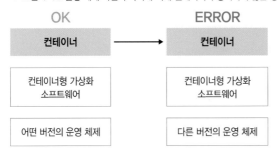

4.4 컨테이너 이미지: 컨테이너를 실행하기 위한 템플릿

컨테이너 이미지는 도커를 지탱하는 중요한 요소이며, 컨테이너를 기동할 때는 기점이 되는 컨테이너 이미지를 지정해야 한다. 컨테이너 이미지는 개발 환경과 운영 환경 등 서로 다른 환경으로 배포할 수 있다.

4.4.1 컨테이너 이미지란

컨테이너 이미지는 컨테이너를 실행하기 위한 템플릿이다. 컨테이너는 컨테이너 이미지로 생성된다. 여러분이 프로그래밍을 경험한 적이 있다면 객체 지향 프로그래밍의 클래스와 객체(인스턴스)의 관계를 떠올려보자. 컨테이너 이미지와 컨테이너의 관계를 더욱 쉽게 이해할 수 있다. 객체가 가진 속성(데이터) 및 메서드(함수)는 클래스에 의해 정의되지만 클래스 자체는 속성을 가지거나 메서드를 호출하지 않는다. 어디까지나 이를 수행하는 것은 객체다. 마찬가지로 컨테이너의 프로세스 실행 환경은 컨테이너 이미지에 의해 결정되지만 컨테이너 이미지 내에서 프로세스가 실행되지는 않는다.

❤ 그림 4-13 컨테이너 이미지와 컨테이너의 관계

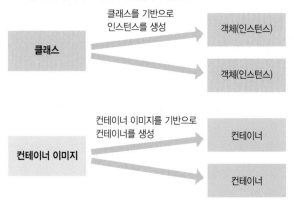

컨테이너 이미지의 대부분은 컨테이너를 실행하는 데 필요한 파일 시스템이며, 파일 시스템은 레이어라는 층이 겹쳐서 구성된다. 이와 같이 컨테이너 이미지의 파일 시스템이 레이어로 구성된 것은 도커의 차분 관리와 관련이 있다. 차분 관리에 대해서는 4.9절에서 자세히 설명한다. 그 외에도 컨테이너 이미지에는 컨테이너 내에서 시작하는 프로세스의 프로그램 및 인수와 같은 정보가 포함되어 있다.

❤ 그림 4-14 컨테이너 이미지로 컨테이너를 생성한다

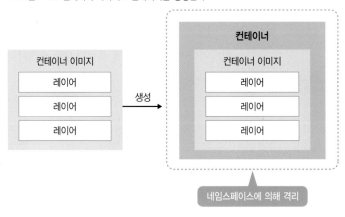

4.4.2 컨테이너 이미지의 생성

컨테이너 이미지는 기본이 되는 컨테이너 이미지의 파일 시스템에 새로운 레이어를 겹쳐서 생성된다. 예를 들어, CentOS 컨테이너 이미지가 있고 이 컨테이너 이미지에 웹 서버인 아파치 프로그램과 구성 파일이 포함된 레이어를 겹쳐서 CentOS에서 실행되는 아파치 컨테이너 이미지를 만들 수 있다. CentOS나 우분투처럼 기본 컨테이너 이미지는 대부분 도커 허브에서 내려받을 수 있다.

컨테이너 이미지는 컨테이너에서 셸을 기동한 후에 yum 등 패키지 관리 시스템을 실행해 수동으로 작성할 수 있다. 그러나 대부분 컨테이너 생성 절차를 설명하는 텍스트 파일인 도커 파일(Dockerfile)을 사용해 자동으로 만든다.

❤ 그림 4-15 컨테이너 이미지의 생성

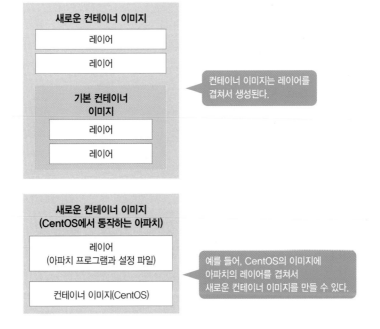

4.4.3 컨테이너 이미지의 배포

생성한 컨테이너 이미지는 **컨테이너 레지스트리**라고 하는 컨테이너 이미지 저장
장소를 통해 배포된다. 컨테이너는 프로세스이므로 그대로 배포할 수 없지만
컨테이너 이미지는 데이터이므로 배포할 수 있다. 배포된 컨테이너 이미지에서
컨테이너를 실행하면 다른 환경(예를 들어, 개발 및 운영 환경)에서 동일한 컨
테이너를 재현할 수 있다. 이처럼 도커가 가진 '다른 환경에서 동일한 컨테이너
를 재현할 수 있는 성질'을 **이식성**(portability)이라고 한다.

❤ 그림 4-16 컨테이너 이미지의 배포

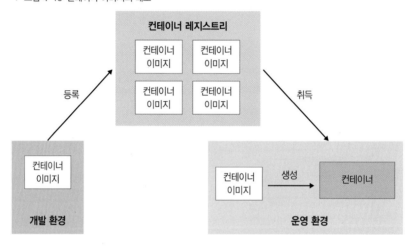

4.4.4 컨테이너 이미지는 운영 체제 설치 디스크와 같은 것
일까?

조금 다른 이야기지만 리눅스 등의 운영 체제를 컴퓨터에 설치한 경험이 있는
가? 운영 체제를 설치하는 방법 중 하나로 CD 또는 DVD와 같은 운영 체제 설
치 디스크를 사용하는 방법이 있다. 운영 체제 설치 디스크에는 운영 체제가 작
동하는 데 필요한 프로그램 및 설정과 같은 데이터가 포함되어 있으며 이러한

데이터를 컴퓨터에 복사해 운영 체제를 설치한다.

이를 컨테이너 이미지로 생각해 보면 컨테이너 이미지에도 CentOS나 우분투 등 이미지 이름이 있기 때문에 언뜻 운영 체제 설치 디스크와 비슷하게 느껴진다. 물론 컨테이너 이미지는 리눅스 실행 환경을 구축한다는 의미에서 운영 체제 설치 디스크와 같은 역할을 한다. 또한, 컨테이너 이미지는 컨테이너에 필요한 프로그램 및 설정과 같은 데이터를 포함한다는 점도 운영 체제 설치 디스크와 매우 유사하다.

그러나 운영 체제 설치 디스크는 소프트웨어를 하드 디스크 드라이브 등으로 복사하는 반면, 컨테이너 이미지는 컨테이너의 프로세스에서 컨테이너 이미지의 소프트웨어에 접근할 수 있으므로 복사하지 않는다. 또한, 운영 체제 설치 디스크에는 리눅스 커널이 포함되어 있지만 컨테이너 이미지에는 리눅스 커널이 포함되어 있지 않다. 컨테이너가 가상 서버와 다른 것처럼 컨테이너 이미지도 운영 체제 설치 디스크와 다르다. 둘의 차이를 잘 알고 바르게 이해하자.

❤ 그림 4-17 운영 체제 설치 디스크와 컨테이너 이미지의 비교

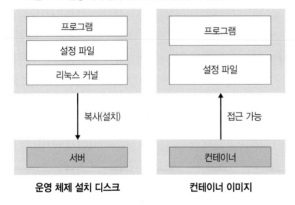

요약

▶ 컨테이너 이미지는 컨테이너를 실행하기 위한 템플릿이다.

▶ 컨테이너 이미지에는 컨테이너를 실행하는 데 필요한 파일 시스템이 포함되어 있다.

▶ 컨테이너 이미지는 컨테이너 생성 절차를 설명하는 도커 파일을 사용해 자동으로 생성되는 경우가 많다.

▶ 컨테이너 이미지는 컨테이너 레지스트리라는 컨테이너 이미지의 저장 장소를 통해 배포된다.

4.5 컨테이너의 라이프 사이클: 컨테이너 생성에서 삭제까지

컨테이너에는 생성, 실행, 삭제와 같은 몇 가지 상태가 있으며, 도커 명령의 실행 등에 따라 변경된다. 이렇게 '컨테이너가 취할 수 있는 상태'에는 어떤 것이 있는지 살펴보자.

4.5.1 라이프 사이클이란

컨테이너에는 생성, 삭제와 같은 몇 가지 상태가 있다. 컨테이너의 **라이프 사이클**이란 컨테이너가 생성된 후 삭제될 때까지의 '상태 흐름'을 말한다. 컨테이너의 라이프 사이클은 실행이나 정지 등의 '상태'와 실행되고 있는 상태에서 정지하는 등의 '상태 변화', 이렇게 두 요소로 구성된다. 도커에서 컨테이너가 취할 수 있는 상태는 생성, 실행, 정지, 일시 정지, 삭제가 있다.

▼ 표 4-1 컨테이너가 취할 수 있는 상태

상태	설명
생성	컨테이너 레이어가 생성된 상태
실행	컨테이너 내 프로세스가 실행된 상태
정지	컨테이너 내 프로세스가 종료된 상태
일시 정지	컨테이너 내 프로세스가 일시 정지된 상태
삭제	컨테이너 레이어가 삭제된 상태

정지와 일시 정지 상태는 컨테이너 내에서 프로세스가 실행되지 않는다는 점에서 매우 비슷하다. 하지만 정지는 프로세스가 종료된 상태인 반면, 일시 정지는 프로세스가 동결(프리즈)되어 메모리 등의 기록을 유지한 상태로 정지한다. 정지 상태의 컨테이너를 실행하면 프로세스가 초기화되지만 일시 정지 상태의 컨테이너를 실행하면 일시 정지된 시점부터 프로세스가 다시 시작된다.

4.5.2 컨테이너의 상태 변화

컨테이너 상태는 도커 명령이 실행되거나 컨테이너 내 프로세스가 종료되는 등으로 변경된다. 도커 명령이란 도커에서 컨테이너 또는 컨테이너 이미지를 조작할 때 사용하는 명령이다. 도커 명령에 대한 자세한 내용은 4.11절에서 설명한다. 예를 들어, `docker container run`이라는 명령을 실행하면 컨테이너 레이어 생성과 동시에 컨테이너 내 프로세스가 시작되고, 컨테이너 상태가 '실행'으로 바뀐다. 또한, 컨테이너 내에서 실행 중인 프로세스가 중지되면 컨테이너 상태가 '실행'에서 '중지'로 변경된다.

▼ 그림 4-18 도커 명령의 실행에 의해 컨테이너의 상태가 변한다

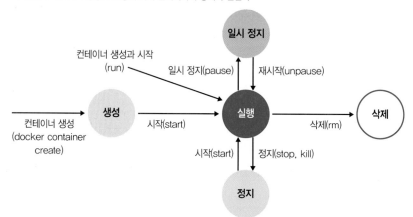

요약

▶ 라이프 사이클은 컨테이너가 생성된 후 삭제될 때까지의 상태 흐름이다.

▶ 컨테이너는 생성, 실행, 정지, 일시 정지, 삭제 상태를 취할 수 있다.

▶ 컨테이너 상태는 도커 명령어의 실행으로 변경된다.

4.6 도커 데몬: 도커 엔진을 지원하는 가장 중요한 요소

도커 엔진은 서로 다른 역할을 가진 여러 구성 요소가 함께 연동되어 플랫폼으로 동작한다. 이번 장에서는 도커 엔진에서 핵심 역할을 담당하는 도커 데몬에 대해 설명한다.

4.6.1 도커 엔진을 구성하는 세 구성 요소

이번 절에서 설명하는 **도커 데몬**은 도커 엔진의 구성 요소 중 하나다. 도커 엔진은 도커 클라이언트, 도커 데몬, 컨테이너 레지스트리로 구성되는데 이 세 구성 요소에 대해 먼저 알아보자.

도커 클라이언트

도커 데몬의 사용자 인터페이스가 되는 구성 요소다. 사용자는 도커 클라이언트를 조작해 도커 데몬과 통신한다.

도커 데몬

도커 클라이언트의 요청에 따라 도커 객체를 관리하는 구성 요소다. 도커 클라이언트와 도커 데몬은 각각 클라이언트와 서버 역할을 하며, 도커 클라이언트의 요청에 따라 통신이 시작되고 도커 데몬의 응답으로 통신이 종료된다.

컨테이너 레지스트리

컨테이너 이미지를 저장하기 위한 구성 요소다. 도커 데몬은 도커 클라이언트의 요청에 따라 컨테이너 레지스트리와 통신해 컨테이너 이미지를 내려받고 업로드한다. 공용 컨테이너 레지스트리에는 도커 허브가 있다. 또한, 자기 전용의 컨테이너 레지스트리를 구축할 수도 있다.

▼ 그림 4-19 도커 엔진

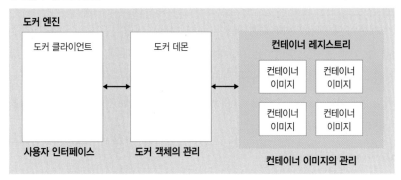

4.6.2 도커 객체란

도커 객체란 도커 데몬의 관리 대상이다. 도커 객체에는 다양한 것들이 포함되어 있으며, '컨테이너'나 '컨테이너 이미지'도 도커 객체다. 그 밖에도 컨테이너가 외부와 통신하기 위해서 필요한 '네트워크'나 데이터를 영속화하기 위해서 필요한 '볼륨' 등도 도커 객체다. 이렇게 중요한 도커 객체를 관리하는 역할을 담당하는 도커 데몬은 도커 엔진을 지원하는 가장 중요한 요소다.

▼ 그림 4-20 도커 객체

4.6.3 도커 데몬과 통신

도커 데몬은 도커 클라이언트의 요청을 수락하기 위한 API가 있다. **API**(Application Programming Interface)는 프로그램이 외부와 상호 작용하는 인터페이스(창구)다. 도커 클라이언트가 도커 데몬과 통신할 때 도커 클라이언트는 도커 데몬이 제공하는 API에 접근한다. 도커 데몬이 제공하는 API는 **REST**라는 HTTP 기반 통신 프로토콜을 사용하며 HTTP 요청을 보내고 HTTP 응답을 수신할 수 있는 프로그램이면 도커 데몬과 통신할 수 있다. 즉, 도커 데몬은 웹 서버의 일종이며 docker info(4.11.1절 참조)와 같은 일부 기능은 웹 브라우저를 사용해 접근할 수도 있다.

▼ 그림 4-21 도커 데몬과 통신

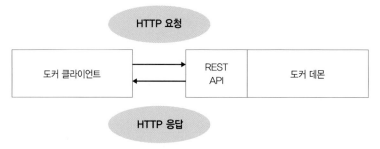

4.6.4 여러 구성 요소로 나누어져 있을 때의 장점

도커 엔진과 같이 하나의 시스템이 여러 구성 요소로 나누어져 있으면 복잡하다고 생각할 수 있다. 그러나 여러 구성 요소로 나누어져 있기 때문에 장점도 많다.

예를 들어, 도커 클라이언트와 도커 데몬이 분리되어 있기 때문에 각각을 별도의 시스템에서 실행할 수 있다. 또한, 사용자 인터페이스를 명령줄에서 그래픽 사용자 인터페이스(GUI)로 변경하고 싶은 경우 도커 클라이언트만 변경하고 도커 데몬을 변경할 필요가 없다. 또한, 도커 엔진이 예상대로 작동하지 않는 경우 도커 클라이언트와 도커 데몬 간 통신 내용을 검토해 원인을 찾을 수 있다.

▼ 그림 4-22 여러 구성 요소로 나누어져 있을 때의 장점

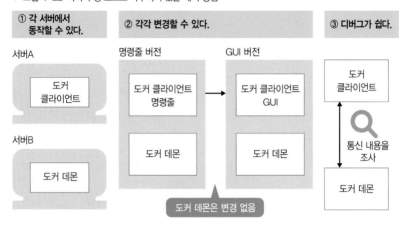

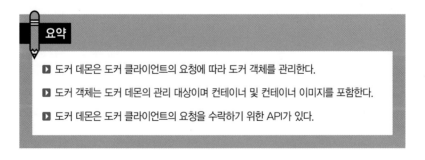

요약

▣ 도커 데몬은 도커 클라이언트의 요청에 따라 도커 객체를 관리한다.

▣ 도커 객체는 도커 데몬의 관리 대상이며 컨테이너 및 컨테이너 이미지를 포함한다.

▣ 도커 데몬은 도커 클라이언트의 요청을 수락하기 위한 API가 있다.

4.7 컨테이너와 프로세스: 프로세스별로 컨테이너 나누기

도커에서는 프로세스별로 컨테이너를 분리하는 것이 좋다. 이번 절에서는 프로세스별로 컨테이너를 구분할 때 얻을 수 있는 장단점과 컨테이너를 구분하는 기준에 대해 설명한다.

4.7.1 하나의 컨테이너에 하나의 프로세스가 기준

컨테이너는 본질적으로 프로세스와 동일하다. 따라서 응용 프로그램을 동일한 컨테이너에 포함할지는 이것들을 일반적으로 **동일한 프로세스에 포함할 수 있는가를 기준으로 판단할 수 있다.** 예를 들어, 웹 시스템을 개발하기 위해 웹 서버, AP 서버, DB 서버의 세 계층으로 전체 시스템을 구성한다고 가정하자. 이때 한 컨테이너 내에서 웹 서버, AP 서버, DB 서버라는 세 프로세스를 실행할 수도 있지만, 일반적으로 세 서버는 별도의 프로세스로 실행한다. 따라서 각 프로세스마다 세 컨테이너로 나누는 것이 좋다.

▼ 그림 4-23 웹 시스템의 예

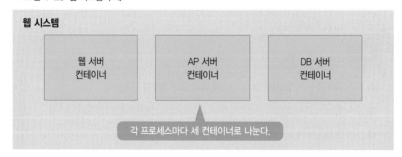

4.7.2 프로세스별로 컨테이너를 나눌 때 장점

프로세스별로 컨테이너를 나누면, 일부 컨테이너가 병목이 되어 시스템 전체의 처리 능력이 저하될 때 병목이 발생한 컨테이너를 여러 대 기동해 부하를 분산해서 처리 능력을 개선할 수도 있다. 컨테이너는 프로세스 실행에 필요한 오버 헤드가 거의 없어서 프로세스별로 컨테이너를 나누어도 성능 저하는 거의 없다.

반면 가상 서버의 경우 프로세스 실행에 필요한 오버 헤드가 컨테이너에 비해 높기 때문에 프로세스별로 컨테이너를 나누면 성능이 크게 저하될 수 있다. 따라서 하나의 가상 서버에 모아서 구성하는 것이 더 나을 경우가 있다.

또한, 프로세스별로 컨테이너를 구분해 여러 프로세스가 같은 파일 등 공유 리소스에 동시에 접근할 때 발생하는 경합 상태, 또는 경합 상태로 인한 버그의 발생을 방지할 수도 있다.

❤ 그림 4-24 컨테이너는 경합 상태를 방지할 수 있다

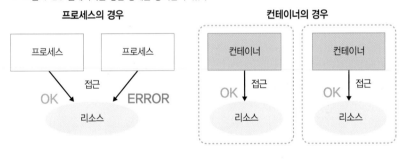

4.7.3 프로세스별로 컨테이너를 나눌 때 단점

프로세스별로 컨테이너를 나눌 때 단점은 하나의 시스템을 실행하기 위해 여러 컨테이너를 실행해야 하므로 관리하기 복잡해진다는 것이다. 별거 아닌 문제처럼 보이지만 컨테이너 수가 많을수록 문제는 심각하다. 이 문제를 해결할 한 가지 방법은 **컨테이너 오케스트레이션**이며, 이는 다음 절에서 자세히 설명한다.

또한, 도커에 따른 현상은 아니지만 소프트웨어 자체가 다른 소프트웨어와 동일한 리소스를 공유한다는 전제로 설계된 경우 프로세스별로 컨테이너를 분리하면 문제가 발생할 수 있다. 이런 소프트웨어를 취급하는 경우에는 프로세스마다 컨테이너를 나누는 것보다는 하나의 컨테이너 내에 여러 프로세스를 실행하는 편이 좋을 수도 있다.

▼ 그림 4-25 컨테이너가 늘어날수록 관리하기 복잡하다

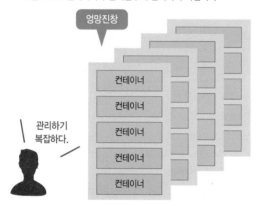

4.7.4 볼륨이란

컨테이너에는 생성이나 삭제와 같은 몇 가지 상태가 있다고 4.5절에서 설명했다. 컨테이너를 삭제하면 컨테이너의 데이터가 사라지므로 데이터를 남겨 두고 싶다면 도커 볼륨이라는 기능을 사용해야 한다. **볼륨**은 **컨테이너가 읽고 쓰는 데이터를 지속화하기 위한 방법**이다. 지속화란 프로그램이 종료되더라도 데이터가 손실되지 않도록 저장하는 것이다. 볼륨은 도커가 관리하는 디렉터리(공간)이며 이름으로 관리할 수 있다. 동일한 볼륨을 여러 컨테이너의 파일 시스템에 동시에 마운트할 수 있다(데이터 및 파일을 컨테이너에서 사용할 수 있다).

또한, 동일한 데이터베이스를 사용하는 응용 프로그램과 같이 여러 프로세스에서 파일 시스템을 공유해야 하는 경우 **볼륨을 사용하면 컨테이너 간에 파일 시스**

템을 공유할 수 있으므로 각 프로세스를 개별 컨테이너로 나누는 경우도 있다.

볼륨과 비슷한 기능으로 '바인드 마운트'라는 기능이 있다. 바인드 마운트는 호스트 운영 체제의 파일 시스템을 컨테이너에 마운트한다는 점이 볼륨과 다르다. 바인드 마운트 역시 파일 시스템을 공유할 수 있지만 제약이 많기 때문에 파일 시스템을 공유할 때는 볼륨을 사용하는 편이 낫다. 바인드 마운트는 주로 호스트와 컨테이너 간에 파일 시스템을 공유하기 위해 사용된다.

❤ 그림 4-26 볼륨과 바인드 마운트

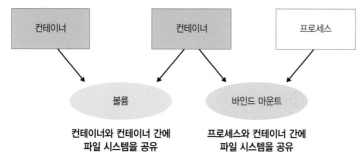

요약

▶ 도커는 프로세스별로 컨테이너를 분리하는 것을 추천한다.

▶ 볼륨은 컨테이너가 읽고 쓰는 데이터를 지속화하기 위한 방법이다.

▶ 볼륨을 사용하면 여러 컨테이너에서 파일 시스템을 공유할 수 있다.

4.8 네임스페이스: 작업 공간을 분리하는 방법

지금까지 컨테이너는 일반 프로세스와 다르게 다른 프로세스와 격리하도록 설정되어 있다고 설명했다. 다른 프로세스와 격리하기 위해서 도커는 '네임스페이스'라는 방법을 사용한다.

4.8.1 네임스페이스란

네임스페이스란 리소스의 래퍼(덮개)와 같은 역할로 네임스페이스 내부의 프로세스가 외부 프로세스로부터 격리된 것처럼 보이게 하는 구조를 말한다.

▼ 그림 4-27 네임스페이스의 구조

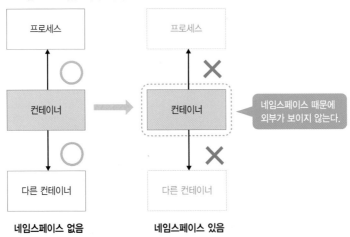

'네임스페이스'나 '격리'라는 단어만 보면 한 공간을 여러 개로 나눈 상태를 떠올릴 것이다. 그러나 네임스페이스의 실제 역할은 내부에서 외부를 볼 수 없게 하는 것뿐이며, 이러한 의미에서는 공간이라기보다는 필터 역할을 한다. 네임스페이스의 구조를 한마디로 나타내면 '보이지 않는다면 없는 것과 같다'고 할 수 있다.

4.8.2 네임스페이스와 컨테이너

도커는 네임스페이스를 이용해 다른 컨테이너와 격리한다. 네임스페이스의 구조는 특별한 플래그를 지정해 실행하는 프로세스이며, 이 프로세스의 자식 프로세스가 네임스페이스의 멤버가 된다.

컨테이너를 실행할 때 도커 데몬은 최초의 컨테이너 전용 네임스페이스가 되는 프로세스를 만든 다음, 네임스페이스의 멤버로 컨테이너에 포함된 프로세스를 실행한다. 이 절차는 컨테이너를 실행할 때마다 수행하며 각 컨테이너에 전용 네임스페이스가 만들어지므로 컨테이너는 다른 컨테이너와 격리된다.

▼ 그림 4-28 네임스페이스의 구조는 특별한 프로세스

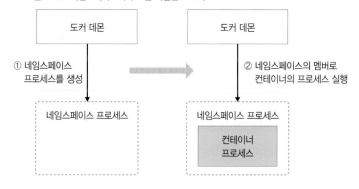

4.8.3 네임스페이스에 의해 격리된 리소스

네임스페이스는 다양한 리소스를 격리할 수 있다. 도커에서 사용하는 네임스페이스와 네임스페이스가 격리할 수 있는 리소스는 다음 표에 나와 있다. 예를 들어, PID 네임스페이스는 컨테이너 외부에서 프로세스 ID를 격리해 다른 컨테이너에서 동일한 프로세스 ID를 사용할 수 있게 한다. 또한, 네트워크 네임스페이스는 컨테이너 외부에서 네트워크 인터페이스와 포트 번호를 격리해 컨테이너마다 다른 IP 주소를 할당할 수 있다. 그 밖의 네임스페이스는 각각 대상 리소스를 컨테이너 외부에서 격리해 컨테이너 독립성을 높인다.

▼ 표 4-2 네임스페이스에 의해 격리된 리소스

네임스페이스	격리할 수 있는 리소스
PID 네임스페이스	프로세스 ID
네트워크 네임스페이스	네트워크 인터페이스, 포트 번호
IPC 네임스페이스	프로세스 간 통신
마운트 네임스페이스	파일 시스템
UTS 네임스페이스	호스트명

4.8.4 컨트롤 그룹이란

네임스페이스를 사용하면 컨테이너별로 리소스를 격리할 수 있다. 그러나 네임스페이스로 컨테이너가 사용할 수 있는 CPU 코어 수, 메모리 용량, 디스크 I/O와 같은 하드웨어 리소스 사용량을 제한할 수는 없다. 이러한 하드웨어 리소스의 사용량을 제한하기 위해서는 **컨트롤 그룹**(control group, cgroup)이라고 하는 다른 방식을 사용한다. 컨테이너가 컨트롤 그룹으로 하드웨어 리소스 사용량에 상한선을 설정함으로써, **특정 컨테이너가 시스템 리소스를 소모해 다른 컨테이너에 영향을 미치는 상황을 방지한다.** 단수형으로 cgroup이라고 표기하는 경우는 제한의 대상이 되는 프로세스의 집합을 의미한다. 또한, 복수형으로 cgroups라고 표기하는 경우는 하드웨어 리소스의 사용량을 제한하는 방식을 의미하는 경우와 복수의 cgroup을 의미하는 경우가 있으므로 문맥으로 판단해야 한다.

4.8.5 컨트롤 그룹의 계층 구조

컨트롤 그룹은 파일 시스템의 디렉터리와 마찬가지로 계층 구조다. 컨트롤 그룹 설정을 변경하려면 cgroupfs라는 파일 시스템과 비슷한 인터페이스를 사용한다. 상위 cgroup 설정은 하위 cgroup으로 상속되며, 하위 cgroup은 상위 cgroup이 설정한 제한을 초과할 수 없다.

❤ 그림 4-29 컨트롤 그룹은 계층 구조로 되어 있다

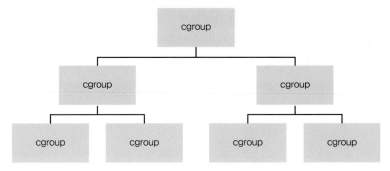

요약

▶ 네임스페이스는 내부 프로세스가 외부 프로세스와 격리된 것처럼 보이는 방식이다.

▶ 도커는 네임스페이스의 작동 방식을 사용해 컨테이너를 다른 컨테이너와 격리한다.

▶ 컨트롤 그룹은 컨테이너가 하드웨어 리소스 사용량을 제한하는 방법이다.

4.9 차분 관리: 도커의 빠른 배포를 지원하는 방법

도커는 차분 관리라는 방식을 사용해 빠르게 배포할 수 있다. 이번 절에서는 차분 관리의 개념과 장단점, 차분 관리가 어떻게 사용되는지 공부해 보자.

4.9.1 차분 관리란

차분 관리란 기준을 정하고 그 기준과의 차이점을 기록해 변경 사항을 관리하는 방법이다. 도커는 컨테이너 이미지에 포함된 파일 시스템의 차분 관리 방식을 사용한다. 예를 들어, 기획서나 보고서 등 문서를 작성하고 있다고 하자. 문서가 완성되어 인쇄가 끝난 후에 오탈자를 발견한 경우, 오탈자를 수정해 전부 다시 인쇄할 수도 있지만, 수정한 부분과 그 내용만 첨부해 독자가 참고하게 만들 수도 있다.

▼ 그림 4-30 차분 관리의 방식

기획서/보고서

변경 사항

기준과의 차이점을 기록해 변경 사항을 관리한다.

기준

기준과의 차이점

4.9.2 이미지 레이어의 특징

컨테이너 이미지에 포함된 파일 시스템은 여러 레이어(층)로 구성되며, 각 레이어에는 직전 레이어와의 차분만 기록한다. 따라서 레이어가 있더라도 직전 레이어의 변경 사항이 없으면 데이터가 없을 수 있다. 반대로 직전 레이어의 변경 사항을 무시하고 두 레이어 전으로 되돌리는 작업을 수행하더라도 변경 사항은 하나의 레이어에 기록된다. 컨테이너 이미지에 포함된 레이어를 **이미지 레이어**라고 하며, 다음에 설명하는 컨테이너 레이어와 구별해 사용된다. 이미지 레이어는 읽기 전용이며 새 파일을 이미지 레이어에 추가하거나 이미지 레이어에 있는 파일을 변경할 수 없다.

▼ 그림 4-31 컨테이너 이미지의 구성

4.9.3 컨테이너 레이어의 특징

컨테이너를 실행하면 이미지 레이어 위에 프로세스에 따른 파일 추가나 변경 사항을 기록하는 레이어가 생성된다. 이 레이어를 **컨테이너 레이어**라고 하며, **기록할 수 있다는 점이 읽기 전용인 이미지 레이어와 다르다.** 컨테이너의 프로세스가 이미지 레이어에 포함된 파일을 수정하려고 하면 대상 파일을 이미지 레이어에서 컨테이너 레이어로 복사한 다음, 복사된 파일을 변경한다. 이러한 변경 방법은 **카피 온 라이트 전략**(COW, Copy On Write)이라고 하며, 도커의 파일 읽기 및 쓰기의 속도가 빨라지도록 지원한다.

반면에 컨테이너의 프로세스가 파일을 읽으려 하면 컨테이너 레이어를 포함한 모든 레이어에서 대상 파일을 검색하고 해당 파일 중에서 가장 새로운 것을 읽어 들인다. 컨테이너 레이어는 컨테이너와 라이프 사이클이 동일해 컨테이너를 삭제하면 컨테이너를 시작할 때 생성된 컨테이너 레이어도 동시에 삭제된다. 컨테이너 상태는 도커 명령의 실행, 도커 내 프로세스 종료 등을 트리거로 변경된다.

▼ 그림 4-32 컨테이너 레이어

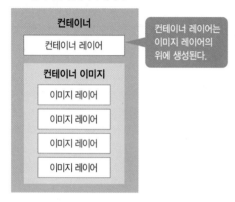

4.9.4 차분 관리의 장단점

차분 관리 덕분에 컨테이너를 시작할 때마다 컨테이너 이미지에 포함된 모든 파일을 컨테이너 레이어에 복사할 필요가 없다. 따라서 도커는 빠른 배포를 제공한다. 또한, 파일을 추가하거나 변경한 경우 변경 사항만 기록하므로 데이터 용량도 줄일 수 있다. 반면에 카피 온 라이트 전략으로 파일을 변경하면 파일이 복사되기 때문에 파일 쓰기가 많은 응용 프로그램의 경우 성능이 크게 저하될 수 있다. 이 경우 도커 볼륨의 작동 방식을 사용해 컨테이너 레이어에 기록하는 것을 줄이면 성능 저하를 방지할 수 있다.

▼ 그림 4-33 쓰기가 필요한 경우에만 파일 복사

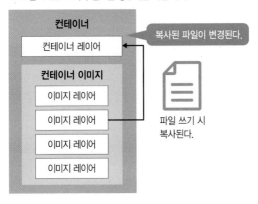

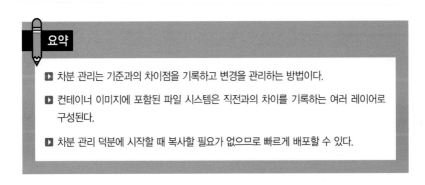

4.10 스웜 모드: 클러스터를 관리하는 기능

컨테이너는 매우 유용한 기술이지만 컨테이너 수가 늘어나거나 서버가 많을수록 관리가 복잡해진다. 도커는 여러 컨테이너 및 서버를 함께 관리할 수 있는 스웜 모드(swarm mode)라는 기능이 있다.

4.10.1 스웜 모드란

스웜 모드는 도커 엔진에 설치된 클러스터를 관리하는 기능이다. **클러스터 관리**란 여러 서버를 일괄 관리하는 것이다. 도커 엔진에는 스웜 모드가 '활성화' 또는 '비활성화'라는 두 가지 작동 모드가 있으며 스웜 모드가 활성화된 도커 엔진을 도커 호스트라고 한다. 도커 클러스터는 여러 도커 호스트로 구성된 집합체다. 도커는 클러스터를 '스웜'이라고 한다. 참고로 Swarm(스웜)은 한국어로 '무리, 군중'을 의미한다. 스웜에서는 도커 호스트를 노드라고 하는 경우도 있다.

▼ 그림 4-34 스웜

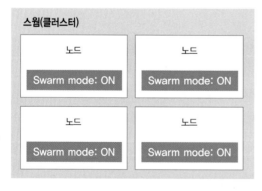
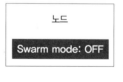

4.10.2 매니저와 워커

도커는 스웜 내 노드에 매니저, 워커, 매니저 겸 워커 이렇게 세 역할 중에서 하나를 부여한다.

매니저는 워커를 관리하고 스웜을 정상 상태로 유지하는 것 외에도 스웜에 대한 요청을 수락하는 창구인 엔드포인트를 제공한다.

워커는 매니저의 지시에 따라 컨테이너를 실행한다. 워커의 수가 많을수록 스웜에서 실행할 수 있는 컨테이너 수를 늘릴 수 있다.

또한, 스웜은 여러 매니저를 가질 수 있다. 일부 매니저에 장애가 발생하더라도 다른 매니저에 워커 관리를 인계함으로써 전체 스웜이 다운되는 상황을 방지할 수 있다.

▼ 그림 4-35 매니저와 워커

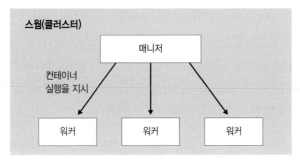

4.10.3 서비스와 태스크

앞에서 매니저는 '스웜을 정상 상태로 유지한다'고 설명했다. 이 상태를 **서비스**라고 한다. 서비스는 스웜에서 실행되는 컨테이너 이미지와 컨테이너 내에서 실행되는 명령과 함께 복제할 컨테이너 수 같은 다양한 지침을 정의한다. 사용자가 스웜에서 컨테이너를 실행할 때 매니저는 사용자로부터 서비스를 수락한다. 매니저는 서비스 정의를 기반으로 컨테이너를 실행하는 워커를 계획하고 워커에게 컨테이너를 실행하도록 지시한다. 워커에서 실행되는 컨테이너를 **태스크**라고 하며 서비스를 관리하기 위한 최소 단위를 뜻한다.

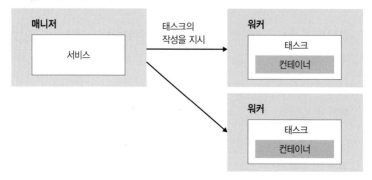

▼ 그림 4-36 서비스와 태스크

4.10.4 클러스터를 관리하는 도구

도커 엔진의 표준인 스웜 모드는 도커의 클러스터 관리/오케스트레이션을 주로 담당했다. 그러나 도커가 스웜 모드와 동등한 기능을 가진 컨테이너 오케스트레이션 도구 쿠버네티스를 공식적으로 지원하자 방향성이 크게 바뀌었다. 앞으로 쿠버네티스가 주류가 될 것이며 이 책에서도 다음 장에서 쿠버네티스에 대해 설명한다.

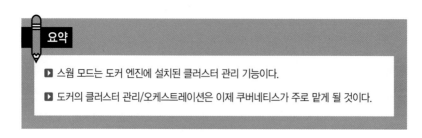

요약

▷ 스웜 모드는 도커 엔진에 설치된 클러스터 관리 기능이다.

▷ 도커의 클러스터 관리/오케스트레이션은 이제 쿠버네티스가 주로 맡게 될 것이다.

4.11 도커의 주요 명령어: 필수 명령어 소개

도커에서 컨테이너나 컨테이너 이미지를 조작할 때는 명령어를 사용한다. 이번 절에서는 컨테이너를 조작하는 데 자주 사용하는 명령어를 소개한다. 도커는 어떤 명령어를 사용할지 이미지를 떠올려보자.

4.11.1 도커 명령어를 사용할 수 있는 환경

CentOS나 우분투 같은 리눅스 운영 체제를 사용하는 경우, yum 및 apt와 같은 패키지 관리 시스템을 사용해 도커를 설치할 수 있다.

윈도나 맥OS 등 리눅스 이외의 운영 체제를 사용하는 경우, 버추얼박스 등의 가상화 소프트웨어로 구축한 가상 머신 상의 리눅스에 도커를 설치할 수 있다. 하지만 윈도 또는 맥OS용 도커 데스크톱을 설치하는 것이 좋다.

▼ 그림 4-37 도커 데스크톱

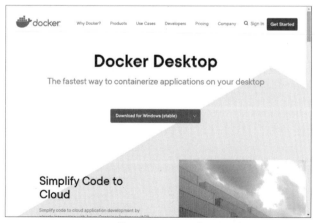

https://www.docker.com/products/docker-desktop

도커에서 컨테이너 및 컨테이너 이미지를 관리할 때는 명령어를 사용한다. 이러한 도커 명령어는 명령줄 작업으로 실행되므로 리눅스나 맥OS에서는 터미널을 사용하고 윈도에서는 명령 프롬프트와 파워셸을 사용한다. 예를 들어, 맥OS 터미널에서 docker info 명령을 실행하는 모습은 다음과 같다.

▼ 그림 4-38 터미널에서 docker info 명령어를 실행한 모습

4.11.2 도커 명령어의 기본

도커 명령어는 docker로 시작해 그 뒤에 info, version과 같은 명령어가 붙는다. 명령어 중에서도 container나 image는 **관리 명령어**라고 하며, 관리 명령어 뒤에 명령어가 계속된다. 대부분의 명령어는 옵션을 지정할 수 있으며, 옵션은 하이픈 1개(-)와 영문 1글자의 조합 또는 하이픈 2개(--)와 영어 단어의 조합으로 표시된다. 옵션 중에서도 -h/--help는 사용법을 표시하는 데 자주 쓰인다.

4.11.3 컨테이너의 시작/분리/표시/정지/삭제

컨테이너를 시작하려면 docker container run 명령어를 실행한다. 여기에서는 CentOS 이미지를 기반으로 컨테이너를 시작하고 컨테이너 내에서 셸(/bin/bash)을 실행한다. -i는 컨테이너에 대한 키보드 입력을 활성화하는 옵션이며, -t는 셸의 프롬프트 표시를 활성화하는 옵션이다.

```
~$ docker container run -i -t centos:latest /bin/bash
```

컨테이너를 시작한 상태에서, 컨테이너에서 빠져나가는 작업을 **분리**라고 한다. 컨테이너에서 분리하려면 Ctrl 키와 P 키를 동시에 누른 다음 Ctrl 키와 Q 키를 동시에 누른다.

```
~$ docker container run -i -t centos:latest /bin/bash
[root@0123456789ab]# (Ctrl+P Ctrl+Q)
~$
```

시작한 컨테이너의 상태를 확인하려면 docker container ls 명령어를 실행한다. 그러면 컨테이너 ID와 컨테이너의 이미지 등을 확인할 수 있다.

```
~$ docker container ls
CONTAINER ID    IMAGE           COMMAND         CREATED
STATUS          PORTS           NAMES
0123456789ab    centos:latest   "/bin/bash"     8 minutes ago
Up 8 minutes    jolly_stonebraker
```

시작한 컨테이너를 정지하려면 docker container kill 명령어를 실행한다.

```
~$ docker container kill 0123456789ab
```

컨테이너를 정지한 후에도 컨테이너 레이어는 남아 있다. 컨테이너 레이어를 보려면 docker container ls -a 명령어를 실행한다. -a는 정지한 모든 컨테이너를 표시하는 옵션이다.

```
~$ docker container ls -a
CONTAINER ID      IMAGE           COMMAND          CREATED
STATUS                            PORTS            NAMES
0123456789ab      centos:latest   "/bin/bash"      12 minutes ago
Exited(137) 2 minutes ago         jolly_stonebraker
```

컨테이너 레이어를 삭제하려면 docker container rm 명령어를 실행한다.

```
~$ docker container rm 0123456789ab
```

4.11.4 컨테이너 이미지의 생성/표시/삭제

컨테이너 이미지를 만들려면 docker container commit 명령어를 실행한다. 여기에서는 리포지터리를 my-repository, 태그를 my-tag로 한다.

```
~$ docker container commit 0123456789ab my-repository:my-tag
```

컨테이너 이미지를 보려면 docker image ls 명령어를 실행한다. 실행하면 리포지터리, 태그, 이미지 ID 등을 확인할 수 있다.

```
~$ docker image ls
REPOSITORY        TAG          IMAGE ID        CREATED          SIZE
my-repository     my-tag       c27f7838503b    4 seconds ago    220MB
```

컨테이너 이미지를 삭제하려면 docker image rm 명령어를 실행한다.

```
~$ docker image rm my-repository:my-tag
```

4.11.5 도커 파일로 컨테이너 이미지 생성

앞에서 컨테이너 이미지를 만드는 명령어를 소개했지만 실제로는 수동으로 컨테이너 이미지를 만들지 않고 컨테이너 이미지를 만드는 데 필요한 명령어를 텍스트 파일로 모아 둔다. 이 텍스트 파일을 **도커 파일**이라고 한다. 도커는 도커 파일에 작성된 매뉴얼을 실행해 자동으로 컨테이너 이미지를 만든다. 도커 파일 내에서 사용하는 주요 명령어는 다음 표와 같다.

▼ 표 4-3 도커 파일에서 사용하는 주요 명령어

명령어	설명
FROM	기본 컨테이너 이미지를 저장한다.
WORKDIR	컨테이너의 작업 폴더를 지정한다.
COPY	파일 및 디렉터리를 컨테이너에 복사한다.
RUN	컨테이너에서 명령을 실행한다.
EXPOSE	컨테이너가 외부에 공개하는 포트를 선언한다.
CMD	기본 시작 명령을 지정한다.

다음 예는 Node.js(서버 측 자바스크립트 실행 환경) 웹 응용 프로그램의 컨테이너 이미지를 만드는 도커 파일을 나타낸다.

도커 파일의 예

```
FROM node:lts-alpine

WORKDIR /usr/src/app
COPY package.json ./
COPY yarn.lock ./
RUN yarn -production
# .dockerignore 파일은 node_modules 디렉터리를 복사하지 않는다.
COPY ..
EXPOSE 3000
CMD ["node", "server.js"]
```

예로 든 도커 파일의 내용은 다음과 같다.

- 기본 컨테이너 이미지에 node:lts-alpine을 지정
- 컨테이너의 작업 폴더에 /usr/src/app을 지정
- 로컬 package.json과 yarn.lock을 컨테이너의 작업 폴더에 복사
- 컨테이너에서 yarn -production 명령어 실행
- 현재의 로컬 폴더에서 모든 파일을 컨테이너의 작업 폴더로 복사
- 컨테이너가 외부에 공개하는 포트로 3000/TCP 선언
- 기본 시작 명령으로 node server.js를 지정

4.11.6 도커 명령어를 사용하는 곳

도커 명령어는 설치할 필요 없이 다양한 소프트웨어를 실행할 수 있다는 점 때문에 매우 편리하다. 예를 들어, 웹 서버의 nginx를 시작하려면 다음 명령어를 실행하면 된다.

```
~$ docker container run -v $PWD:/usr/share/nginx/html:ro -d -p 8080:80
nginx
```

-v는 로컬 지정 폴더에 컨테이너가 접근할 수 있게 하는 옵션이며, -d는 컨테이너를 연결하지 않고 컨테이너를 시작하는 옵션이다. 또한, -p는 로컬 포트에 컨테이너 포트를 할당하는 옵션이다. 위 명령은 로컬 8080/TCP를 컨테이너의 80/TCP에 할당한다.

그 밖에 실제 경험으로 맥OS의 gcc(C 언어 컴파일러)에서 m32(32비트 환경용으로 컴파일하는 옵션)를 활성화해 C 언어 프로그램을 컴파일할 수 없을 때 다음 도커 파일을 사용해 해결할 수 있었다.

도커 파일의 예

```
FROM centos:latest

RUN yum install -y gcc glibc-devel.i686
CMD "/bin/bash"
```

이때 다음 도커 명령어를 함께 사용했다.

```
~$ docker image build -t mygcc:latest .
~$ docker container run -v $PWD:/root -w /root mygcc gcc -m32 -o main main.c
```

docker image build는 도커 파일에 따라 컨테이너 이미지를 만드는 명령어다. docker container run의 -w는 작업 폴더를 지정하는 옵션이며 위 명령은 /root로 지정한다.

일부 오픈 소스 소프트웨어 중에는 미리보기를 컨테이너 이미지로 제공하는 것도 있다. 예를 들어, 오픈 소스 Slack 클론인 Mattermost의 경우 다음 도커 명령어를 실행해 바로 소프트웨어를 사용해 볼 수 있다.

```
~$ docker run --name mattermost-preview -d --publish 8065:8065 --add-host
dockerhost:127.0.0.1 mattermost/mattermost-preview
```

--publish는 -p와 동일한 옵션이며 위 명령은 로컬의 8065/TCP를 컨테이너의 8065/TCP에 할당한다. --add-host는 호스트 이름에 IP 주소를 할당하는 옵션이며 위 명령은 dockerhost에 127.0.0.1을 할당한다.

이러한 방식으로 번거롭게 설치할 필요 없이 소프트웨어를 즉시 사용할 수 있다는 것은 도커의 큰 매력이다.

요약

▶ 도커에서 컨테이너 또는 컨테이너 이미지를 조작할 때 명령어를 사용한다.

4.12 도커 허브: 컨테이너 이미지를 공유할 수 있는 서비스

빌드된 컨테이너 이미지는 컨테이너 레지스트리를 통해 배포된다. 이번 장에서는 세계 최대의 컨테이너 레지스트리 서비스인 도커 허브에 대해 설명한다.

4.12.1 도커 허브란

도커 허브란 도커 사가 제공하는 세계 최대의 컨테이너 레지스트리 서비스다. 도커 허브에는 다양한 소프트웨어의 컨테이너 이미지가 등록되어 있으며 사용자는 도커 허브에서 컨테이너 이미지를 검색하고 실행해 소프트웨어를 사용할 수 있다.

▼ 그림 4-39 도커 허브

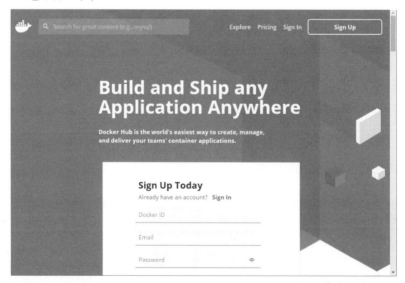

https://hub.docker.com

또한, 도커 허브에서 **리포지터리**라는 컨테이너 이미지 저장소를 만들 수 있다. 도커 허브에서는 공개 및 비공개 리포지터리를 양쪽 다 만들 수 있으며 비공개로 구성된 리포지터리에는 소유자만 접근할 수 있다. 생성할 수 있는 비공개 리포지터리의 수는 월 사용료 등에 따라 다르다.

4.12.2 컨테이너 레지스트리란

컨테이너 레지스트리는 컨테이너 이미지를 저장하고 배포하는 두 가지 역할을 담당하는 도커의 구성 요소다. 컨테이너 레지스트리의 개체는 레지스트리 서버에서 실행되는 응용 프로그램이다. Docker Registry HTTP API라는 프로토콜로 컨테이너 레지스트리와 통신해 컨테이너 이미지를 업로드하거나 내려받을 수 있다. 컨테이너 레지스트리에 컨테이너 이미지를 업로드하는 것을 **푸시**라고 하며, 반대로 컨테이너 레지스트리에서 컨테이너 이미지를 내려받는 것을 **풀**이라고 한다. 컨테이너 레지스트리 소프트웨어 자체도 registry라는 이름으로 도커 허브에 등록되어 있으며, 사용자는 registry의 컨테이너 이미지를 가져와 레지스트리 서버에서 실행해 자신만의 컨테이너 레지스트리를 운영할 수도 있다.

▼ 그림 4-40 컨테이너 레지스트리

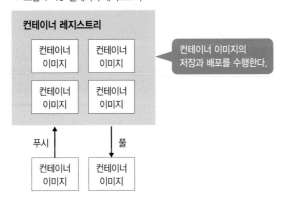

4.12.3 리포지터리와 태그

컨테이너 레지스트리에는 여러 리포지터리를 포함하는 반면, 리포지터리는 여러 컨테이너 이미지를 포함한다. 동일한 리포지터리에는 관계없는 컨테이너 이미지를 포함하지 않으며, 일반적으로 동일한 컨테이너 이미지에 버전이 다른 것들을 포함한다. 리포지터리는 컨테이너 이미지에 **태그**라는 라벨을 붙여서 관리한다. 태그는 latest나 stable 등 의미 있는 단어로 지정한다. 컨테이너 레지스트리와 리포지터리는 이름이 비슷해서 혼동하기 쉬우므로 주의하자.

❤ 그림 4-41 리포지터리와 태그

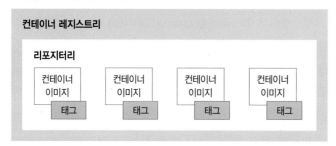

4.12.4 도커 허브 이외의 컨테이너 레지스트리 서비스

도커 허브뿐만 아니라 주요 클라우드 서비스에서도 컨테이너 레지스트리 서비스를 제공한다. 예를 들어, AWS는 아마존 ECR(Amazon Elastic Container Registry), GCP는 컨테이너 레지스트리(Container Registry), 애저는 애저 컨테이너 레지스트리(Azure Container Registry)라는 이름으로 각각 컨테이너 레지스트리 서비스를 제공한다. 이러한 서비스를 사용하면 도커 허브와는 다른 요금 체계로 비공개 저장소를 만들 수 있다. 또한, 이러한 서비스는 컨테이너 레지스트리로서의 기본 기능은 공통적이지만, 각 클라우드에서 제공하는 다른 서비스와 연계하기 쉬운 점이 특징이다.

요약

▶ 도커 허브는 도커가 제공하는 세계 최대의 컨테이너 레지스트리 서비스다.

▶ 컨테이너 레지스트리는 컨테이너 이미지를 저장하고 배포하는 두 가지 역할을 담당하는 도커의 구성 요소다.

memo

5 장

컨테이너 오케스트레이션 도구, 쿠버네티스

컨테이너는 매우 편리하지만 수가 늘어나면 관리하거나 운영하기 어려워진다. 이러한 부하를 줄이기 위해 사용하는 것이 컨테이너 오케스트레이션 도구인 쿠버네티스다. 이번 장에서는 쿠버네티스에 대해 배워 보자.

5.1 컨테이너 오케스트레이션: 컨테이너를 관리하기 위한 작업

컨테이너와 컨테이너를 시작하는 시스템이 많을수록 수동으로 관리하기 어렵다. 이번 절에서는 컨테이너 관리 및 운영을 자동화하는 오케스트레이션의 필요성에 대해 살펴보자.

5.1.1 오케스트레이션이란

오케스트레이션은 지휘나 편성을 의미하는 단어로, 컨테이너 기술에서는 **컨테이너의 관리 및 운영을 자동화하는 것**을 나타낸다. 여기서는 컨테이너 관리 및 운영이라고 간단하게 설명했지만 실제로 컨테이너를 관리하고 운영할 때 어떤 작업이 필요할까? 여러 컨테이너(웹 서버, AP 서버, DB 서버)로 구성된 웹 애플리케이션을 예로 들어 로드 밸런싱, 헬스 체크, 스케일링에 대해 어떤 작업을 수행하는지 살펴보자.

▼ 그림 5-1 오케스트레이션

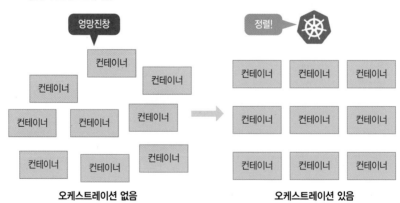

5.1.2 로드 밸런싱

컨테이너 기술의 **로드 밸런싱**(load balancing)이란 **여러 컨테이너에 요청을 할당해 부하를 분산하는** 것을 말한다. 로드 밸런싱을 구현하는 방법 중 하나는 요청을 배분하는 로드 밸런싱 장치를, 이를 처리하는 컨테이너 앞에 배치하는 것이다. 앞에서 말한 웹 응용 프로그램의 경우 웹 서버, AP 서버, DB 서버 각 계층 앞에 로드 밸런싱 장치를 설치한다. 로드 밸런싱 장치를 사용하면 컨테이너당 부하를 줄이고 처리 시간을 단축할 수 있으며, 단위 시간당 처리할 수 있는 요청 수를 늘려서 시스템 성능을 향상시킬 수 있다.

❤ 그림 5-2 로드 밸런싱

5.1.3 헬스 체크

컨테이너 기술의 **헬스 체크**란 시스템을 구성하는 **컨테이너가 정상적으로 실행 중인지 여부를 감시하는** 것을 말한다. 헬스 체크를 수행하는 방법 중 하나는 컨테이너에 요청을 보내고 컨테이너가 정상적으로 응답을 반환하는지 확인하는 것이다.

앞에서 말한 웹 응용 프로그램의 경우 웹 서버, AP 서버, DB 서버의 각 계층 앞에 설치된 로드 밸런싱 장치에서 각 계층에 포함된 컨테이너로 요청을 보내고, 정상적으로 응답을 반환하지 않으면 '제대로 작동하지 않는다'고 판단한다. 로드 밸런싱과 헬스 체크를 결합해 로드 밸런싱 장치에서 정상적으로 실행되지 않는 컨테이너로의 배분을 중지하면 시스템이 정상적으로 가동되는 시간을 늘릴 수 있다.

❤ 그림 5-3 헬스 체크

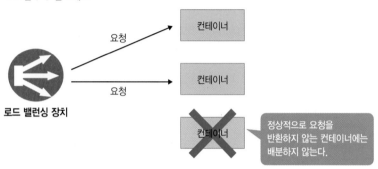

5.1.4 스케일링

컨테이너 기술의 **스케일링**이란 요청 규모에 따라 컨테이너를 늘리거나 줄이는 것을 말한다. 스케일링을 수행하는 방법 중 하나는 요청 수 같은 측정 항목이 일정한 임곗값을 초과하거나 임곗값보다 현저히 낮아질 때 리소스를 증감하는 것이다. 예를 들어 앞에서 말한 응용 프로그램의 경우, '최근 1분 동안 웹 서버 계층이 수신한 요청 수가 컨테이너 1개당 500개를 초과하면 웹 서버 계층의 컨테이너를 1대 늘린다'와 같이 설정할 수 있다. 스케일링은 리소스 소비를 최적화하고 리소스 부족 때문에 시스템이 다운되는 상황을 방지한다.

❤ 그림 5-4 스케일링

요청이 적을 때	요청이 많을 때	
컨테이너	컨테이너	컨테이너
	컨테이너	컨테이너

5.1.5 오케스트레이션의 중요성

지금까지 언급한 로드 밸런싱이나 헬스 체크는 수동으로 실행할 수 있지만, 관리 및 운영하는 컨테이너의 수가 늘어날수록 대응하기가 어렵다. 향후 컨테이너를 활용한 애플리케이션이 보급되고 그 규모가 커질수록 컨테이너를 관리 및 운영할 때 공통적으로 진행하는 작업을 자동화하는 **오케스트레이션은 점점 더 중요해질 것이다.**

▼ 그림 5-5 오케스트레이션의 중요성

요약

- ▶ 컨테이너 오케스트레이션은 컨테이너 관리 및 운영을 자동화한다.
- ▶ 컨테이너의 관리 및 운영에는 로드 밸런싱, 헬스 체크, 스케일링 등이 필요하다.
- ▶ 컨테이너를 활용한 애플리케이션이 보급되고 그 규모가 커질수록 컨테이너 오케스트레이션은 점점 더 중요해질 것이다.

5.2 쿠버네티스: 컨테이너의 관리 및 운영을 자동화하는 도구

앞 절에서 컨테이너를 관리 및 운영할 때 오케스트레이션의 중요성에 대해 설명했다. 이번 절에서는 컨테이너 오케스트레이션 도구의 사실상 표준인 쿠버네티스에 대해 설명한다.

5.2.1 쿠버네티스란

쿠버네티스는 오케스트레이션(컨테이너 관리 및 운영을 자동화)하는 도구다. 쿠버네티스는 구글에서 개발해 2014년에 오픈 소스로 공개했다. 쿠버네티스라는 이름은 그리스어에서 유래했으며 영어로는 helmsman(조타수)이나 pilot(조종사) 등을 의미한다.

▼ 그림 5-6 쿠버네티스

https://kubernetes.io

5.2.2 쿠버네티스에서 가능한 것

쿠버네티스는 컨테이너의 관리 및 운영을 자동화할 수 있어서 컨테이너를 활용한 애플리케이션을 운영하는 데 필요한 부하를 줄일 수 있다. 쿠버네티스로 수행할 수 있는 작업에는 로드 밸런싱, 헬스 체크, 엔드포인트(창구) 제공 등이 있다. 이에 대해서는 다음 절에서 자세히 설명한다.

▼ 그림 5-7 쿠버네티스에서 가능한 것

헬스 체크와 정지한 컨테이너 재시작	엔드포인트 제공과 로드 밸런싱	소비 리소스를 고려해 컨테이너의 배포
롤링 업데이트와 롤백	스토리지 관리	기밀 정보 및 구성 정보 저장

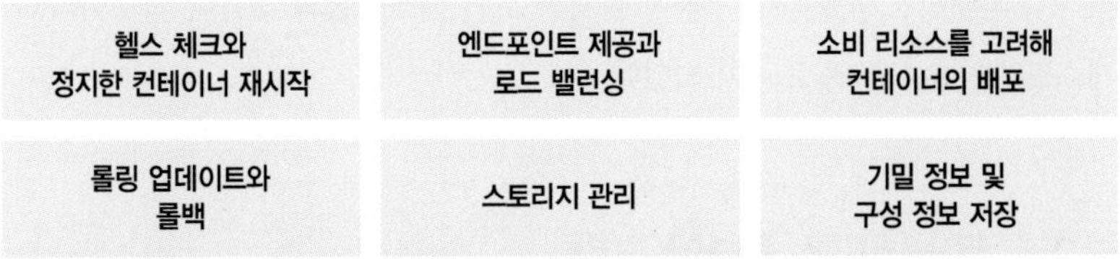

5.2.3 쿠버네티스에서 불가능한 것

쿠버네티스는 컨테이너를 관리하고 운영하는 데 도움이 되는 기능을 다양하게 제공하지만, 단독으로만 사용할 수 없는 경우도 있다. 쿠버네티스는 자동 빌드 및 미들웨어 기능(데이터베이스 등)은 제공하지 않는다. 이를 구현하려면 쿠버네티스 이외의 도구나 서비스를 사용해야 한다.

▼ 그림 5-8 쿠버네티스에서 불가능한 것

자동 빌드	로그의 기록 및 감시
미들웨어 기능 (메시지 브로커, 데이터베이스 등)	서버 자체의 관리

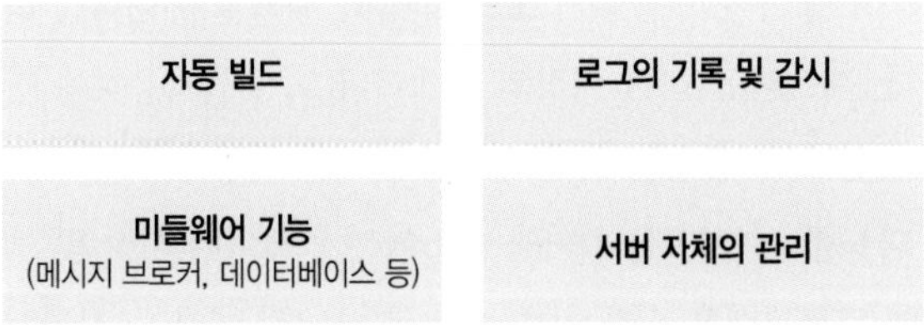

5.2.4 컨테이너 오케스트레이션 도구의 사실상 표준

컨테이너 오케스트레이션 도구로 쿠버네티스만 있는 것은 아니다. 도커의 스웜 모드(4.10절 참조)도 컨테이너 관리 및 운영을 자동화할 수 있다. 또한, 클러스터 관리자인 아파치 메소스(Mesos)와, 아파치 메소스에서 컨테이너를 처리하기 위해 만든 프레임워크인 마라톤(Marathon)을 결합하면 쿠버네티스처럼 사용할 수 있다. 따라서 컨테이너 오케스트레이션 도구에는 다양한 선택지가 있다. 그러나 쿠버네티스가 2018년 7월에 출시된 도커 데스크톱과 더불어 컨테이너 오케스트레이션 도구의 표준이 되었다.

5.2.5 쿠버네티스 클러스터란

쿠버네티스는 대량의 컨테이너 및 서버로 구축된 서비스의 관리 및 운영에 대한 부하를 줄일 수 있다. 이러한 시스템의 집합을 클러스터라고 하며, 쿠버네티스에서 관리하는 클러스터를 **쿠버네티스 클러스터**라고 한다. 또한, 클러스터를 구성하는 각 서버를 **노드**라고 한다.

5.2.6 노드의 두 가지 유형

노드에는 실제로 파드(pod)[1]를 구동하는 **워커 노드**(워커)와 워커를 제어하는 **마스터 노드**(마스터)가 있다. 파드에는 하나 이상의 컨테이너(도커를 사용하는 경우 도커 컨테이너)가 존재한다. 사용자는 워커에 직접 파드를 실행하지 않고 마스터를 통해 워커 상의 파드를 실행한다. 워커와 마스터는 컨테이너 시작 및 모니터링과 관련한 다양한 프로그램을 실행하며, 이는 5.12.3절, 5.12.4절에서 자세히 설명한다. 우선, 워커와 마스터라는 역할이 다른 노드가 있다는 것을 알아 두자.

---

1 쿠버네티스가 컨테이너를 관리하는 최소 단위(5.3절 참조)

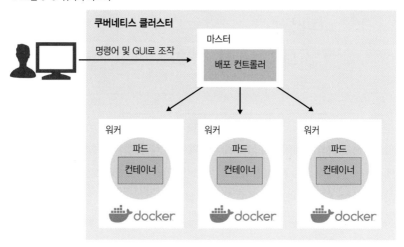

❤ 그림 5-9 워커와 마스터

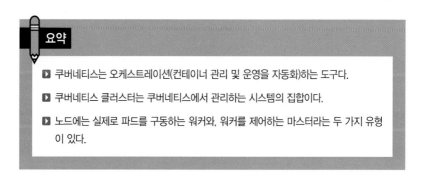

- ▶ 쿠버네티스는 오케스트레이션(컨테이너 관리 및 운영을 자동화)하는 도구다.
- ▶ 쿠버네티스 클러스터는 쿠버네티스에서 관리하는 시스템의 집합이다.
- ▶ 노드에는 실제로 파드를 구동하는 워커와, 워커를 제어하는 마스터라는 두 가지 유형이 있다.

5.3 파드: 컨테이너를 관리하는 단위

지금까지 오케스트레이션과 쿠버네티스의 전반적인 개념을 설명했다. 이번 절에서는 쿠버네티스의 작동 방식을 알아보자. 먼저 쿠버네티스가 컨테이너를 관리하는 최소 단위인 파드에 대해 설명한다.

5.3.1 파드란

파드는 쿠버네티스가 컨테이너를 관리하는 최소 단위이며 하나 이상의 컨테이너로 구성된다. 같은 파드에 포함된 컨테이너는 스토리지와 네트워크를 공유하며 이를 통해 상호 작용할 수 있다. 또한, 프로세스의 네임스페이스를 공유하도록 설정할 수 있기 때문에, 한 컨테이너에 포함된 프로세스에서 다른 컨테이너에 포함된 프로세스를 참조할 수 있다.

같은 파드에 포함된 컨테이너는 라이프 사이클이 같다. 따라서 파드 내 한 컨테이너가 시작되면 다른 모든 컨테이너도 시작되고 한 컨테이너가 중지되면 다른 모든 컨테이너도 중지된다.

❤ 그림 5-10 파드는 하나 이상의 컨테이너로 구성된다

154

5.3.2 같은 파드에 포함할지 판단하는 기준

일반적으로 같은 파드에 포함된 컨테이너끼리는 서로 밀접한 관계가 있다. 완전히 관련 없는 컨테이너도 같은 파드에 포함할 수는 있지만 별로 권장하지 않는다. 또한, 관련은 있지만 같은 파드 내에서 시작할 필요가 없는 컨테이너는 가능한 한 별도의 파드에 포함하는 것이 좋다.

예를 들어, 하나의 파드에 웹 서버, AP 서버, DB 서버의 세 컨테이너를 포함할 수 있다. 그러나 컨테이너는 네트워크를 통해 통신할 수 있으므로 반드시 같은 파드 내에서 시작할 필요는 없다. 오히려 파드 3개에 컨테이너를 각각 하나씩 포함하는 편이 바람직하다. 이와 같이 별도의 파드로 나누면, 필요한 컨테이너만 모아서 구동하거나 세세하게 스케일링할 수 있다.

▼ 그림 5-11 별도의 파드에 포함한다

5.3.3 파드의 필요성

하나의 파드에서 여러 컨테이너를 시작할 수 있는 것처럼, 하나의 컨테이너에서 여러 프로세스를 시작할 수 있다. 그렇다면 컨테이너 대신 파드라는 단위가 왜 필요할까? 컨테이너에서 여러 프로세스를 시작하면 직접 프로세스를 관리해야 하지만, **파드 내에서 여러 컨테이너를 시작하면 쿠버네티스가 컨테이너를 관리할 수 있기 때문**이다.

컨테이너 관리를 쿠버네티스에 맡기면 사용자가 컨테이너별로 직접 프로세스를 관리하는 것보다 운영 부하 및 리소스 소비를 줄일 수 있다. 또한, 컨테이너별로 필요한 최소한의 패키지를 설치해 최대한 불필요한 것을 줄이는 등 소프트웨어 의존성을 유연하게 관리할 수 있다.

5.3.4 파드의 디자인 패턴

일반적으로 쿠버네티스에서 파드를 사용하는 방법은 **one-container-per-Pod**(파드당 하나의 컨테이너)이지만 여러 컨테이너를 하나의 파드에 포함하는 것이 효과적일 수 있다. 예를 들어, 보조 역할(로그 수집, 캐시, 프록시/어댑터 등의 도우미 프로그램)을 담당하는 컨테이너를 같은 파드에 추가하면 기본 컨테이너의 기능을 더욱 확장할 수 있다. 이와 같이 보조 역할을 담당하는 컨테이너를 **사이드카 컨테이너**라고 부르며, 이는 자주 사용하는 디자인 패턴(설계 패턴)이다.

▼ 그림 5-12 사이드카 컨테이너

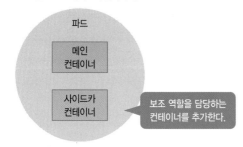

5.3.5 사이드카 컨테이너를 사용하는 경우

사이드카 컨테이너로만 공통된 기능을 묶어서 재사용할 수 있는 것은 아니다. 패키지로 프로세스에 통합하거나 별도의 파드에 포함해 파드 간에 통신할 수 있다. 그렇다면 어떤 상황에서 사이드카 컨테이너를 사용하는 것이 바람직할까? 대답은 경우에 따라 다르며, '이러한 상황에서는 반드시 사이드카 컨테이너를 사용하자'라는 명확한 기준은 없다. 그러나 파드별로 기능을 설정하고 싶거나 컨테이너를 사용해 도커 또는 쿠버네티스에서 간단하게 다루고 싶다면 사이드카 컨테이너가 적합하다고 할 수 있다. 예를 들어, 파드 통신을 제어하는 기능을 갖춘 프록시인 **Envoy**는 사이드카 컨테이너에 적합하다. Envoy를 사이드카 컨테이너로 각 파드에 넣는 것은 수동으로 가능하지만 Envoy를 집중적으로 관리하는 **Istio**라는 소프트웨어를 사용하면 자동화할 수 있다.

▼ 그림 5-13 Envoy와 istio

https://www.envoyproxy.io

https://istio.io

요약

▶ 파드는 쿠버네티스가 컨테이너를 관리하는 최소 단위다.

▶ 같은 파드 내에서 시작할 필요가 없는 컨테이너는 가능한 한 별도의 파드에 포함하는 것이 좋다.

▶ 파드는 컨테이너 관리를 쿠버네티스에 맡길 수 있다.

▶ 사이트카 컨테이너는 자주 사용하는 디자인 패턴(설계 패턴)이다.

5.4 디플로이먼트 컨트롤러: 오케스트레이션을 지원하는 가장 중요한 요소

파드(컨테이너)는 디플로이먼트 컨트롤러(deployment controller)라는 방식을 사용해 관리된다. 이번 절에서는 디플로이먼트 컨트롤러를 이해하는 데 필요한 레플리카셋(replicaset) 및 디플로이먼트(deployment)를 설명한다.

5.4.1 레플리카셋이란

레플리카셋이란 쿠버네티스가 파드를 관리하기 위한 단위로 대상 파드의 복제(레플리카)를 지정한 수만큼 유지하는 기능이다. 파드는 하나 이상의 컨테이너 그룹이지만 레플리카셋은 하나 이상의 파드 그룹이다. 파드는 다른 유형의 컨테이너를 포함할 수 있는 반면, 레플리카셋은 같은 유형의 파드만 포함할 수 있다.

▼ 그림 5-14 레플리카셋은 하나 이상의 파드 그룹

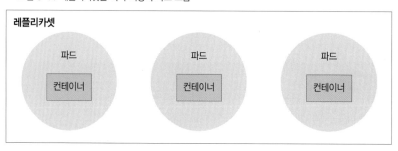

레플리카셋을 사용하면 파드 수를 지정한 수만큼 일정하게 유지할 수 있어서 컨테이너를 헬스 체크할 수 있고, 중지한 컨테이너를 다시 시작할 수 있다. 또한, 파드 수를 늘리거나 줄여서 스케일링할 수도 있다. 오래된 레플리카셋의 파드 수를 점진적으로 줄이는 동시에 새 레플리카셋의 파드 수를 점진적으로 늘려 롤링 업데이트(시스템을 완전히 중지하지 않고 단계적으로 시스템 업데이트 하는 것)하거나 컨테이너 관리 및 운영의 다양한 문제를 해결할 수 있다.

5.4.2 디플로이먼트란

레플리카셋을 더욱 그룹화하고 관리하는 단위로 **디플로이먼트**가 있다. 디플로 이먼트는 **레플리카셋이 유지하는 파드 수를 증감하거나 레플리카셋을 생성한다.** 레플리카셋은 하나 이상의 파드 그룹이지만, 디플로이먼트는 하나 이상의 레플 리카셋 그룹이다. 정리하자면 디플로이먼트는 레플리카셋을 포함하고, 레플리 카셋은 파드를 포함하며, 파드는 컨테이너를 포함한다.

디플로이먼트가 필요한 이유는, 디플로이먼트는 **자신을 포함하는 레플리카셋이 나 파드를 자동으로 갱신하기 위한 구조를 갖추고 있기 때문이다.** 레플리카셋으로 파드 수를 늘리거나 줄여서 스케일링 및 롤링 업데이트할 수 있긴 하지만, 디플 로이먼트를 사용하면 쿠버네티스가 자동으로 파드 수를 조정하고 새 레플리카 셋을 만들 수 있다. 디플로이먼트는 아무 관련이 없는 레플리카셋을 포함할 수 도 있지만 같은 레플리카셋의 다른 버전을 포함하는 것이 일반적이다.

❤ 그림 5-15 디플로이먼트는 레플리카셋의 그룹

5.4.3 컨트롤러란

일반적으로 컨트롤러(controller)는 현재 상태에서 설정한 상태로 만드는 메커니즘을 말한다. 예를 들어, 에어컨 컨트롤러는 현재 실내 온도를 측정하고 측정된 실내 온도와 에어컨 설정 온도의 차이가 0이 되도록 방의 온도를 낮추거나 높인다. 쿠버네티스의 컨트롤러는 레플리카셋 및 디플로이먼트와 같은 상태를 감시하고 현재 상태와 설정한 상태에 차이가 있을 때 파드 수를 늘리거나 레플리카셋을 만들어 차이가 없도록 조정한다.

▼ 그림 5-16 컨트롤러

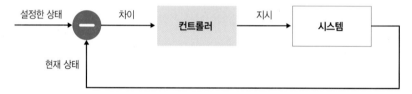

5.4.4 디플로이먼트 컨트롤러란

디플로이먼트 컨트롤러란 **디플로이먼트를 특정한 상태로 유지하는 컨트롤러다.** 디플로이먼트 컨트롤러는 디플로이먼트의 상태를 감시한다. 그리고 현재 상태와 설정한 상태에 차이가 생기는 경우, 차이의 상태에 따라서 취해야 할 동작을 결정하고 동작을 실행한다.

예를 들어, 파드에 포함된 컨테이너 자체에는 변경이 없고 레플리카셋에 포함된 파드 수만 변경이 있는 경우, 디플로이먼트 컨트롤러는 레플리카셋의 파드 수를 업데이트하면 된다고 판단한다. 파드에 포함된 컨테이너에 변경이 있는 경우, 디플로이먼트 컨트롤러는 새로운 레플리카셋을 만들고 이전 레플리카셋의 파드 수를 0으로 설정해야 한다고 판단한다.

디플로이먼트 컨트롤러는 파드 및 레플리카셋과 마찬가지로 가장 기본적인 구조이며, 쿠버네티스의 오케스트레이션을 지원한다.

▼ 그림 5-17 디플로이먼트 컨트롤러

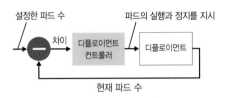

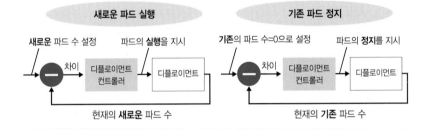

5.5 서비스: 컨테이너에 접속하는 창구

앞 절에서 쿠버네티스의 컨테이너를 관리하는 단위와 방법에 대해서 설명했다. 이번 절에서는 외부에서 컨테이너에 어떻게 접속하는지 그 방법에 대해서 설명한다.

5.5.1 서비스란

쿠버네티스의 **서비스**(service)란 컨테이너에 접속하기 위한 창구인 **엔드포인트**를 제공하는 방식을 말한다. 외부에서 컨테이너에 접속하려면 컨테이너에 직접 접속하는 것이 아니고 엔드포인트를 통해 간접적으로 접속하는 것이다.

도커의 경우 컨테이너를 실행할 때 컴퓨터 포트와 컨테이너 포트를 바인딩(할당)하고 바인딩된 컴퓨터의 포트에 접속해 컨테이너에 접속할 수 있다.

쿠버네티스의 경우 레플리카셋과 디플로이먼트의 구조에 따라 컨테이너(정확하게는 파드)의 실행과 정지를 반복한다. 또한, 접속하려는 컨테이너가 같은 시스템에서 실행된다고 단정할 수도 없다. 이러한 상황에서도 대상 컨테이너에 정확하게 접속할 수 있게 하는 방법이 '서비스'다.

▼ 그림 5-18 엔드포인트

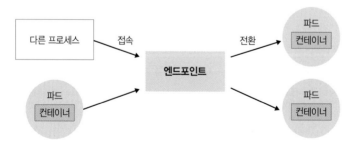

5.5.2 서비스의 구조

서비스는 어떻게 엔드포인트에 대한 접속을 컨테이너로 전달할 수 있을까? 쿠버네티스는 가상 IP 주소와 네트워크 주소 변환(IP 주소를 다른 IP 주소로 변환하는 기술)을 조합해 서비스 작동 방식을 구현한다. 가상 IP 주소란 물리적 또는 가상 컴퓨터에 할당할 수 없는 IP 주소이자 엔드포인트다. 가상 IP 주소(엔드포인트)에 접속하면 네트워크 주소 변환에 따라 대상 컨테이너로 전달된다.

다음 그림의 예에서 엔드포인트의 가상 IP 주소인 10.240.0.100에 접속하는 ①과 서비스 작동 방식을 통해 네트워크 주소가 변환된 ②와 파드 A의 가상 IP 주소 10.240.0.101로 전환된 ③이 수행된다. 예에서는 엔드포인트에 대한 접속이 파드 A로 옮겨졌지만 네트워크 주소 변환의 결과에 따라 파드 B와 파드 C로 전환할 수 있다.

❤ 그림 5-19 서비스는 접속을 컨테이너로 전환한다

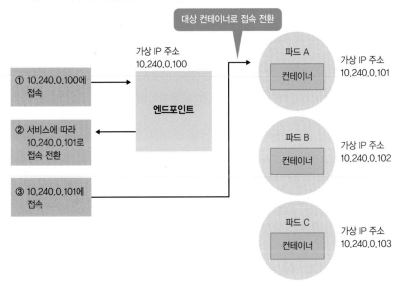

5.5.3 서비스 유형

엔드포인트를 제공하는 방법의 차이에 따라 서비스는 네 가지 유형으로 분류된다. 각각의 명칭과 특징을 소개한다.

▼ 표 5-1 서비스 유형과 특징

서비스 유형	특징
ClusterIP	클러스터 내부에만 접속할 수 있는 가상 IP 주소가 생성된다.
NodePort	클러스터의 모든 노드의 지정된 포트에 대한 접속이 컨테이너로 전달된다. 클러스터 외부에서도 접속할 수 있다.
LoadBalancer	클라우드 서비스의 로드 밸런서에 대한 접속이 컨테이너로 전송된다. 클러스터 외부에서도 접속할 수 있다.
ExternalName	서비스에 대한 접속이 지정된 호스트로 전달된다.

5.5.4 서비스에 의한 로드 밸런싱

앞서 언급했듯이 서비스 역할 중 하나는 컨테이너에 접속하기 위한 엔드포인트를 제공하는 것이지만 또 다른 역할로 로드 밸런싱이 있다. 엔드포인트에 대한 접속을 여러 컴퓨터에서 실행되는 같은 유형의 컨테이너로 분배해 서버당 부하를 줄일 수 있다.

쿠버네티스의 서비스는 Discovery & LB라는 리소스 유형으로 분류하며 컨테이너 관리 및 운영에서 이름 확인(discovery)과 로드 밸런싱의 두 가지 문제를 해결하는 데 사용한다. ExternalName 이외의 서비스에서는 쿠버네티스가 자동으로 로드 밸런싱을 수행하는 반면, ExternalName은 대상 호스트가 로드 밸런싱을 수행하도록 사용자가 직접 구성해야 한다.

5.5.5 각 서비스의 구분

클러스터 내부에서 접속하는 것만으로 충분하다면 ClusterIP, 클러스터 외부에서 접속해야 한다면 LoadBalancer가 적합하다. 클러스터 내부에서 접속하기 위해 NodePort를 사용할 수도 있지만 클러스터의 모든 노드에 대해 지정된 포트를 소유해야 해서 포트를 절약하려면 ClusterIP를 사용하는 것이 좋다.

또한, 클러스터 외부에서 접속하기 위해 NodePort를 사용할 수 있다. 하지만 대부분의 경우 서비스에 대한 접속을 단일 엔드포인트로 집약해야 해서 클라우드 서비스 로드 밸런싱 장치 등이 필요하다. 중립적인 위치에 있는 NodePort는 클러스터 내부에서 접속하는 것이 주 역할이다. 클러스터 외부에서 내부 동작을 확인하기 위해 접속하거나 클라우드 서비스의 로드 밸런싱 장치 같은 역할을 하기에는 요건이 부족하기 때문에, 자체적으로 로드 밸런싱 구조를 갖추는 등 예외 상황에서 강점을 발휘한다.

NodePort와 마찬가지로 ExternalName은 독특한 서비스이며 클러스터 내부에서 접속할 수 있다는 점에서 ClusterIP와 동일하지만, 클러스터를 외부의 호스트를 접속 전환 대상으로 지정할 수 있다는 점이 다르다.

요약

▶ 서비스는 컨테이너에 접속하기 위한 엔드포인트를 제공한다.

▶ 서비스에 의해 컨테이너의 실행과 정지가 반복되는 상황에서도 컨테이너에 접속할 수 있다.

5.6 플라넬: 컨테이너 간 상호 접속을 지원하는 기술

서비스는 컨테이너 간 상호 접속으로 구성된다. 이 '서비스'는 flanneld라는 기술을 기반으로 한다. 서비스를 지원하는 기술과 구조에 대해 자세히 살펴보자.

5.6.1 파드 내 통신

같은 파드에 포함된 컨테이너는 다른 컨테이너와 네트워크 네임스페이스(4.8절 참조)를 공유하므로 **로컬호스트에 접속하면 다른 컨테이너와 통신할 수 있다.** 예를 들어, 어떤 컨테이너에 포함된 웹 서버가 TCP/3000 포트로 수신 대기 중이고 다른 컨테이너에 포함된 웹 클라이언트가 localhost:3000에 HTTP 요청을 보내면 웹 서버는 해당 HTTP 요청을 수신한다. 웹 클라이언트에서도 웹 서버에서 반환되는 HTTP 응답을 받을 수 있다.

▼ 그림 5-20 파드 내 컨테이너는 로컬호스트로 통신할 수 있다

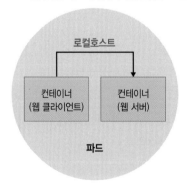

같은 파드 내에는 네트워크의 네임스페이스가 공유되므로 특정 컨테이너가 수신 대기하는 포트를 다른 컨테이너가 수신 대기할 수 없다. 따라서 하나의 파드에 여러 컨테이너를 포함하는 경우, 포트가 충돌하지 않도록 조정해야 한다.

5.6.2 파드 간 통신

파드에는 고유한 IP 주소가 할당된다. 이 방법으로 파드에 할당된 IP 주소에 접속하면 외부에서 파드에 포함된 컨테이너에 접속할 수 있다.

만약 각 파드에 고유한 IP 주소가 할당되지 않은 경우 컴퓨터의 포트를 파드 포트에 할당한 후 컴퓨터 포트를 통해 파드에 접속할 수 있다. 그러나 이 방법은 파드에 접속할 때 IP 주소 외에 포트를 지정해야 하므로 IP 주소만 지정하는 것보다 복잡하다. 컴퓨터의 포트 수에는 제한이 있으며 컴퓨터의 같은 포트를 다른 파드의 포트에 할당할 수 없기 때문에 한 컴퓨터에서 사용할 수 있는 파드 수에 제한이 있다. 각 파드에 고유한 IP 주소를 할당하면 이러한 문제와 상관없이 파드 간 통신이 가능하다.

▼ 그림 5-21 파드 간 통신

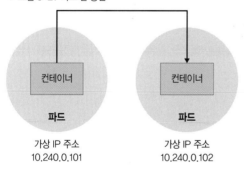

5.6.3 플라넬이란

쿠버네티스에는 파드 간 통신에 대해 '특정 노드의 파드는 모든 노드의 모든 파드와 네트워크 주소 변환을 사용하지 않고 통신할 수 있다'는 요건만 정해져 있고, 이 요건을 어떻게 구현할지는 구축할 때 정해진다. 쿠버네티스에서 네트워크를 구축하는 방법 중 하나가 바로 **플라넬**(https://github.com/coreos/flannel)이다. 플라넬은 쿠버네티스 클러스터를 구성하는 여러 시스템을 연결하는 오버레이 네트워크를 구축한다. 플라넬이 구축하는 IPv4 네트워크 덕분에 특정 컴퓨터의 파드에서 다른 컴퓨터의 파드로 접속할 수 있다.

5.6.4 flanneld란

flanneld는 플라넬이 IPV4 네트워크를 구축하기 위해 쿠버네티스 클러스터를 구성하는 모든 컴퓨터에서 구동되는 에이전트 프로그램이다. flanneld는 IP 주소로 파드끼리 통신할 때, 목적지가 되는 파드가 구동하고 있는 컴퓨터를 특정해 그 컴퓨터에 패킷을 전송하는 역할을 담당하고 있다. 또한, IPv4 네트워크에서 IP 주소가 충돌하지 않도록 각 노드에 고유한 서브넷을 할당하는 기능을 제공한다. flanneld는 네트워크의 구성이나 할당한 서브넷 등의 정보를 기록하기 위해서 쿠버네티스의 데이터 스토어인 etcd(5.12.2절 참조)에 데이터를 저장한다.

▼ 그림 5-22 flannel

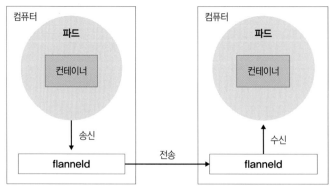

168

5.6.5 플라넬과 서비스의 차이

플라넬이 '클러스터 내 다른 컴퓨터에 있는 파드 간 통신을 가능하게 하는 구조'
인 반면, 앞 절에서 설명한 서비스는 '파드에 접속하기 위한 엔드포인트를 제공
하는 구조'이며, 둘 다 비슷한 기능을 가지고 있다. 다만, 플라넬은 기반 기술의
역할이 강하다. 서비스가 엔드포인트로 접속해 다른 컴퓨터의 파드에 연결할
때 플라넬이 구축한 IPv4 네트워크를 사용한다.

만약 플라넬로 구축한 IPv4 네트워크가 없는 경우, 서비스는 엔드포인트에 접
속을, 같은 컴퓨터의 파드로만 연결할 수 있으며 다른 파드로는 연결할 수 없게
된다. 서비스에 비해 플라넬은 눈에 띄지 않는 존재이지만 서비스의 구조를 지
원하고 있다.

▼ 그림 5-23 플라넬과 서비스의 차이

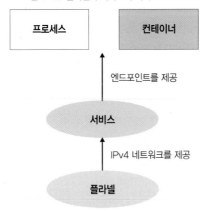

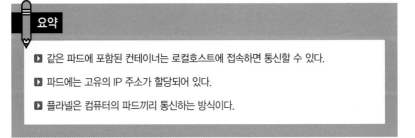

요약

▣ 같은 파드에 포함된 컨테이너는 로컬호스트에 접속하면 통신할 수 있다.

▣ 파드에는 고유의 IP 주소가 할당되어 있다.

▣ 플라넬은 컴퓨터의 파드끼리 통신하는 방식이다.

5.7 로드 밸런싱과 헬스 체크: 시스템의 가용성을 향상시키는 방법

시스템이 정상적으로 작동하는 시간을 가능한 한 길게 유지하려면 로드 밸런싱과 헬스 체크가 매우 중요하다. 이번 절에서는 쿠버네티스가 로드 밸런싱과 헬스 체크를 어떻게 수행하는지 설명한다.

5.7.1 로드 밸런싱과 헬스 체크란

로드 밸런싱은 여러 컨테이너에 요청을 분배해 부하를 분산하는 것을 말한다. 반면에 헬스 체크는 시스템을 구성하는 컨테이너가 정상적으로 실행 중인지 감시하는 것을 말한다. 로드 밸런싱과 헬스 체크를 조합해 정상적으로 실행되지 않는 컨테이너에 요청을 분배하지 않도록 하면, 시스템이 정상적으로 가동되는 시간을 늘릴 수 있다. 로드 밸런싱과 헬스 체크에 관련해 '가용성'이라는 말이 있는데 다음 절에서 상세하게 설명한다.

▼ 그림 5-24 로드 밸런싱과 헬스 체크

5.7.2 가용성이란

가용성은 '사용자가 시스템이나 서비스를 사용하고 싶을 때 사용할 수 있는 정도'를 말한다. 가용성을 평가하는 지표 중 하나로 가동률이 있으며, 시스템이 정상적으로 가동된 시간을 시스템이 가동된 시간으로 나누어 계산할 수 있다. 가용성을 높이는 방법 중 하나로 단일 장애 지점을 제거하는 방법이 있다. 단일 장애 지점이란 시스템의 구성 요소이며 여기에 장애가 발생할 경우 전체 시스템이 중단되는 것을 의미한다.

단일 장애 지점을 제거하는 방법 중 하나로 이중화가 있다. 이중화란 쉽게 말하면 예비를 준비해 두는 것이며, 고장이 발생했을 때 준비하고 있던 예비와 교환해 시스템 전체가 멈추는 것을 방지한다. 로드 밸런싱 및 헬스 체크는 고장 발견 및 예비와 교체를 자동화해 시스템 가용성 향상에 기여한다.

❤ 그림 5-25 가동률 계산식

$$\text{가동률} = \frac{\text{시스템이 정상적으로 가동된 시간}}{\text{시스템이 가동된 시간}}$$

5.7.3 쿠버네티스의 로드 밸런싱

쿠버네티스는 서비스(5.5절 참조)라는 방식으로 로드 밸런싱을 실시한다. 쿠버네티스 클러스터 내에 서비스를 생성하면 엔드포인트가 되는 IP 주소가 생성되고, 이 IP 주소를 대상으로 하는 패킷은 서비스 뒤에 있는 파드로 전달된다. 서비스 뒤에 여러 파드가 있는 경우 순서대로 각 파드에 패킷을 전달한다. 이러한 전송 방법을 **라운드 로빈**(RR, Round Robin)이라고 한다.

쿠버네티스는 패킷을 전달하기 위해 **iptables**의 네트워크 주소 변환 기능을 사용한다. 또한, 패킷을 전송하는 방법을 결정하는 규칙은 **kube-proxy**라는 에이전트 프로그램에 의해 필요에 따라 변경된다. iptables 대신 **IPVS**를 사용할 수 있다. 서비스 수가 10,000개를 초과하는 대규모 클러스터에서는 IPVS를 사용하는 것이 좋다.

iptables는 리눅스의 네트워크 관리 도구이며 iptables를 사용하면 netfilter(패킷 필터링 및 네트워크 주소 변환을 수행하는 리눅스의 기능) 설정을 변경할 수 있다. 반면 IPVS는 리눅스 커널에 내장된 로드 밸런싱 기능이며 iptables와 마찬가지로 netfilter를 사용한다. iptables와 IPVS를 비교하면, IPVS는 설정 내용을 해시 테이블에 보존하거나 커널 모드에서 동작하는 등 효율화가 진행되어 iptables보다 빠른 속도로 동작한다.

❤ 그림 5-26 패킷 전송에 iptables를 사용하고 있다

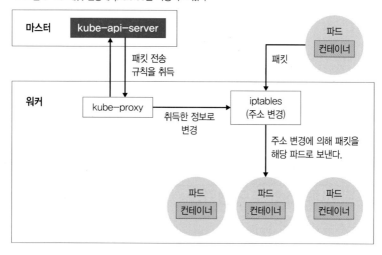

5.7.4 쿠버네티스의 헬스 체크

쿠버네티스 클러스터를 구성하는 시스템에는 **kubelet**이라는 에이전트 프로그램이 있다. kubelet은 같은 시스템에서 실행 중인 파드의 상태를 정기적으로 확인한다. kubelet은 파드에 포함된 컨테이너에서 지정된 명령어를 실행하고 명령어가 성공했는지(종료 코드가 0) 여부에 따라 정상 및 비정상을 판단한다.

또한, 명령어를 실행하는 대신 TCP 또는 HTTP를 통한 통신을 시도하고, 통신의 성공 여부(TCP라면 연결 가능한 경우 성공, HTTP라면 상태 코드가 200대 또는 300대일 경우 성공)에 따라 정상 및 비정상을 판단할 수도 있다. 정상 및 비정상의 판단 결과를 기반으로 파드를 다시 시작하거나 서비스에서 요청 전송을 중지해 클러스터를 정상 상태로 유지한다.

▼ 그림 5-27 쿠버네티스의 헬스 체크

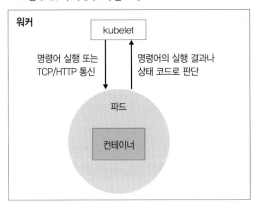

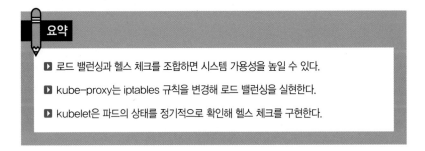

요약

- ▶ 로드 밸런싱과 헬스 체크를 조합하면 시스템 가용성을 높일 수 있다.
- ▶ kube-proxy는 iptables 규칙을 변경해 로드 밸런싱을 실현한다.
- ▶ kubelet은 파드의 상태를 정기적으로 확인해 헬스 체크를 구현한다.

5.8 스케일링: 시스템의 성능을 향상시키는 방법

시스템 및 서비스 요청 수는 시기와 시간에 따라 다를 수 있다. 쿠버네티스는 요청의 크기에 따라 컨테이너를 늘리거나 줄여서 스케일링을 수행한다.

5.8.1 스케일링이란

스케일링은 컨테이너 기술에서 **요청 규모에 따라 컨테이너를 증감하는** 것을 말한다. 시스템마다 요청 빈도의 차이가 있으며, 어떤 이유로 갑자기 요청이 집중되는 상황도 있다. 시스템 처리 능력을 초과하는 요청이 들어오면 시스템이 다운되는 등 원하지 않는 상황이 발생할 수 있다.

이러한 상황을 해결하기 위해, 요청이 집중될 때 스케일링에 의해 가동되는 컨테이너의 수를 늘려서 시스템의 처리 능력을 요청의 규모에 충족시키면 시스템을 정상적으로 유지할 수 있다. 반대로, 야간 등 요청 건수가 적은 시간대에는 가동하는 컨테이너의 수를 줄여서 컨테이너의 운영에 필요한 리소스의 소비량을 억제해 비용을 절약할 수도 있다.

▼ 그림 5-28 스케일링

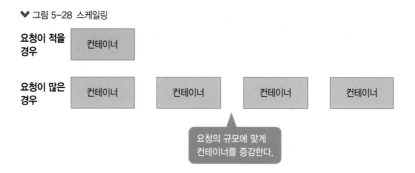

5.8.2 스케일링하는 방법

스케일링하는 방법에는 요청 건수 등 데이터를 정기적으로 취득하고, 취득한 데이터가 일정한 임곗값보다 높거나 낮은 경우에 리소스의 증감을 실행하는 방법이 있다. 스케일링을 수행할지 여부를 결정하는 데 사용하는 데이터를 **매트 릭스**라고 한다. 또한, 현재 데이터뿐만 아니라 과거 데이터를 참조해 연속적으로 일정한 임곗값을 상회하거나 하회하는 경우에 리소스의 증감을 실시하는 경우도 있다.

리소스를 늘리거나 줄이는 방법은 **수평 스케일링**과 **수직 스케일링**으로 나뉜다. 수평 스케일링은 리소스 수를 늘리거나 줄이고, 수직 스케일링은 리소스 성능을 높이거나 낮춘다. 일반적으로 수직 스케일링보다 수평 스케일링이 리소스와 처리 능력 사이의 관계가 선형(비례)에 가까운 편이다.

❤ 그림 5-29 수평 스케일링과 수직 스케일링

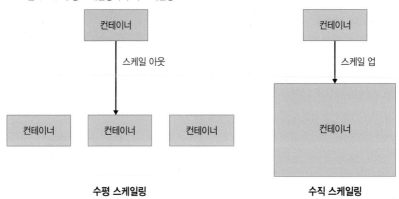

5.8.3 쿠버네티스에서 파드의 수평 스케일링

쿠버네티스에서는 **HPA**(Horizontal Pod Autoscaler)를 사용해 파드를 수평 스케일링할 수 있다. HPA 컨트롤러는 주기적으로(기본적으로 15초 간격으로) 파드의 매트릭스를 취득해 이를 기반으로 필요한 파드 수를 계산하고, 레플리카셋 및 디플로이먼트의 파드 수를 변경한다. 매트릭스에는 CPU 사용률을 사용하지만 필요할 경우 다른 지표를 커스텀한 매트릭스를 사용할 수 있다. 필요한 파드 수를 계산하는 절차는 다음 그림에 나와 있다.

▼ 그림 5-30 필요한 파드 수를 계산하는 절차

① **필요한 파드 수** = **현재 파드 수** × $\dfrac{\text{현재 CPU 사용률}}{\text{예상 CPU 사용률}}$

② **필요한 파드 수의 소수점 이하를 반올림**

5.8.4 쿠버네티스에서 파드의 수직 스케일링

파드의 수평 스케일링과 마찬가지로 **VPA**(Vertical Pod Autoscaler)를 사용해 파드를 수직 스케일링할 수 있다. 파드에 할당하는 리소스(CPU나 메모리 등)의 수량은 request와 limit이라는 두 파라미터에 따라 정해지며 각각 request는 하한선을 limit은 상한선을 지정한다. VPA는 리소스 소비량에 따라 request와 limit을 자동으로 조정해 파드를 수직 스케일링한다. 파드의 수평 스케일링은 쿠버네티스에 표준으로 탑재되어 있지만, 파드의 수직 스케일링은 베타 버전이다(2022년 10월 기준). 사용하려면 깃허브에서 내려받아 설치해야 한다.

▼ 그림 5-31 request와 limit을 조정해 수직 스케일링 구현

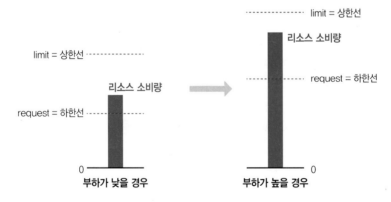

5.8.5 클러스터 자체의 수평 스케일링

쿠버네티스 클러스터가 아마존 웹 서비스 및 애저와 같은 퍼블릭 클라우드에 구축된 경우 **CA**(Cluster Autoscaler)를 사용해 클러스터 자체를 수평 스케일링할 수 있다. CA는 클러스터를 구성하는 시스템의 수를 늘리거나 줄여서 수평 스케일링한다. CA가 서버 수를 늘리는 타이밍은 HPA와 다르다. CA는 리소스 부족으로 파드를 시작하지 못한 경우에 서버 수를 늘린다.

반면에 한 서버의 리소스 사용률이 낮은 상태가 일정 시간(기본적으로 10분)에 걸쳐 계속되면 해당 시스템을 폐기해 시스템 수를 조정한다. CA는 리소스 사용률을 '요청된 CPU 및 메모리 사용량÷사용 가능한 CPU 및 메모리 사용량'으로 계산하고 일정 임곗값(기본값은 50%)을 밑도는 경우 '리소스 사용률이 낮다'고 판단한다.

❤ 그림 5-32 클러스터 자체의 스케일링

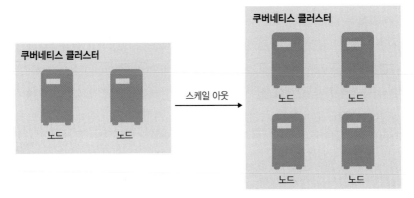

> **요약**
>
> ▣ 스케일링이란 요청 규모에 따라 컨테이너를 늘리거나 줄이는 것을 말한다.
>
> ▣ 매트릭스는 스케일링을 수행할지 여부를 결정하는 데 사용하는 데이터다.
>
> ▣ HPA는 파드의 수평 스케일링을 수행하고, CA는 클러스터의 수평 스케일링을 수행한다.

5.9 쿠버네티스의 주요 명령어: 필수 명령어 소개

쿠버네티스는 kubectl 명령을 사용해 클러스터를 조작한다. 이번 절에서는 쿠버네티스의 명령어를 이해하기 위해 필요한 매니페스트, 레이블 및 레이블 셀렉터에 대해 설명한다.

5.9.1 선언형 기술로 클러스터 조작

쿠버네티스는 **매니페스트**라는 텍스트 파일을 사용해 클러스터를 조작한다. 매니페스트는 YAML 또는 JSON 형식 같은 선언형으로 작성된다. '선언형 기술'이란 **기대하는 상태를 적는 것**이다. 예를 들어, 파드를 생성하고 싶을 때 '파드 이름은 my-pod로 설정하고 실행할 컨테이너의 이미지는 nginx:stable로 한다' 등을 작성한다. 반대로 '절차형 작성'이란 기대하는 상태로 변경하기 위해서 실시하는 조작 순서를 작성하는 것을 말한다. 쿠버네티스는 현재 클러스터의 상태와 매니페스트를 기반으로 클러스터 조작 절차가 자동으로 계획되기 때문에 절차형 작성이 필요하지 않다.

5.9.2 매니페스트에서 객체를 선택하는 방법

매니페스트를 작성할 때 레이블이나 레이블 셀렉터를 지정하면 대상 객체(파드, 디플로이먼트 등)가 여러 개 있는 경우에도 일괄적으로 선택할 수 있다. 여기서 라벨은 객체에 할당된 키와 값의 쌍이다. 하나의 개체에 레이블을 여러 개

할당할 수 있다. 한편 레이블 셀렉터는 개체를 선택하기 위해 지정된 레이블의 조건이다. 레이블과 레이블 셀렉터는 쿠버네티스에서 클러스터를 조작할 때 사용하는 kubectl 명령어에도 사용할 수 있다.

♥ 그림 5-33 레이블과 레이블 셀렉터

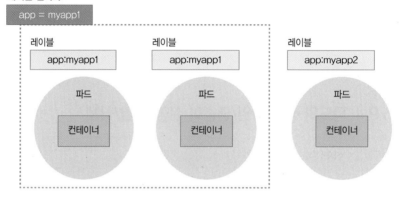

5.9.3 쿠버네티스 명령어를 사용할 수 있는 환경

CentOS 또는 우분투와 같은 리눅스 운영 체제를 사용할 경우 yum 및 apt와 같은 패키지 관리 시스템을 사용해 쿠버네티스를 설치할 수 있다. 윈도, 맥OS 등에서 도커 데스크톱을 사용하는 경우 2018년 7월 이후에 릴리스된 정식 버전이면 쿠버네티스가 포함되어 있으므로 설정 화면에서 쿠버네티스를 활성화하면 명령어를 사용할 수 있다. 도커 명령어와 마찬가지로 쿠버네티스 명령어는 명령줄 인터페이스로 조작하므로 리눅스 또는 맥OS에서는 터미널을 사용하고 윈도에서는 명령 프롬프트와 파워셸(PowerShell)을 사용한다. 그림 5-34는 맥OS 터미널에서 kubectl cluster-info 명령어를 실행하는 모습이다.

```
~$ kubectl cluster-info
kubernates master is running at https://kubernates.docker.internal:6443
kubeDNS is running at https://kubernates.docker.internal:6443/api/v1/namespaces/
kube-system/sevice/kube-dns:dns/proxy

To further debug and diagnose cluster problems, use 'kubectl cluster-info dump'
~$
```

5.9.4 파드의 생성/확인/명령어 실행/변경/삭제

이번 절에서는 kubectl 명령어의 사용법을 소개한다.

파드를 만들려면 kubectl apply 명령어를 실행한다. 여기에서는 매니페스트 pod.yaml을 사용해 my-pod라는 이름의 파드를 만든다. 생성된 파드에는 키가 app, 값이 my-app인 레이블이 할당되며, nginx:stable이라는 이미지의 컨테이너가 실행된다.

```
~$ kubectl apply -f pod.yaml
```

pod.yaml

```
apiVersion: v1
kind: Pod
metadata:
  name: my-pod
  labels:
    app: my-app
spec:
  containers:
    - name: my-container
      image: nginx:stable
```

kubectl apply 명령어는 -f에 지정되는 매니페스트의 내용에 따라 무엇을 생성/변경할지 바뀐다.

생성된 파드를 확인하려면 kubectl get 명령어를 실행한다. 파드 상태가 Running(실행 중)인지 확인할 수 있다.

```
~$ kubectl get pods
NAME      READY   STATUS    RESTARTS   AGE
my-pod    1/1     Running   0          3s
```

실행 중인 파드 내부에서 명령을 실행하려면 kubectl exec 명령어를 실행한다.

```
~$ kubectl exec -it my-pod -- echo Hello Kubernetes
```

실행 중인 파드를 변경하려면 매니페스트를 변경한 후 파드를 만들 때와 마찬가지로 kubectl apply 명령어를 실행한다.

```
~$ kubectl apply -f pod.yaml
```

실행 중인 파드를 삭제하려면 kubectl delete 명령어를 실행한다.

```
~$ kubectl delete -f pod.yaml
```

5.9.5 레플리카셋의 생성/확인/변경/삭제

레플리카셋을 생성하려면 kubectl apply 명령어를 실행한다. 여기서는 매니페스트 replicaset.yaml을 사용해 이름이 my-replicaset인 레플리카셋을 생성해 볼 것이다. 매니페스트를 보면 template의 내용이 파드를 만들 때와 비슷하다는 것을 알 수 있다. 생성된 레플리카셋에는 파드가 3개 포함되어 있다. 각 파

드에는 키가 app이고 값이 my-app인 레이블이 할당되며 nginx:stable이라는
이미지의 컨테이너가 실행된다.

```
~$ kubectl apply -f replicaset.yaml
```

replicaset.yaml

```
apiVersion: apps/v1
kind: ReplicaSet
metadata:
  name: my-replicaset
spec:
  replicas: 3
  selector:
    matchLabels:
      app: my-app
  template:
    metadata:
      labels:
        app: my-app
    spec:
      containers:
        - name: my-container
          image: nginx:stable
```

작성된 레플리카셋을 확인하려면 kubectl get 명령어를 실행한다. 레플리카셋
에 포함된 파드의 수가 3개인지 확인할 수 있다.

```
~$ kubectl get replicasets
NAME            DESIRED   CURRENT   READY   AGE
my-replicaset   3         3         3       10s
```

레플리카셋을 변경하거나 삭제하는 법은 파드의 경우와 동일하다.

5.9.6 디플로이먼트의 생성/확인/변경/삭제

디플로이먼트를 생성하려면 kubectl apply 명령어를 실행한다. 이번에는 매니페스트 deployment.yaml을 사용해 이름이 my-deployment인 디플로이먼트를 만든다. 매니페스트를 보면 레플리카셋을 만드는 매니페스트의 내용과 거의 동일하다는 것을 알 수 있다. 생성된 디플로이먼트에는 단일 레플리카셋이 포함되어 있다. 또한, 레플리카셋에는 파드 3개가 포함되어 있다. 각 파드에는 키가 app이고 값이 my-app인 레이블이 할당되며 nginx:stable이라는 이미지의 컨테이너가 실행된다.

```
~$ kubectl apply -f deployment.yaml
```

deployment.yaml

```
apiVersion: apps/v1
kind: Deployment
metadata:
  name: my-deployment
spec:
  replicas: 3
  selector:
    matchLabels:
      app: my-app
  template:
    metadata:
      labels:
        app: my-app
    spec:
      containers:
        - name: my-container
          image: nginx:stable
```

작성된 디플로이먼트를 확인하려면 kubectl get 명령어를 실행한다. 표시된 정보는 레플리카셋과 거의 같지만 최근 파드 수를 나타내는 UP-TO-DATE 열이 추가되어 있다.

```
~$ kubectl get deployments
NAME              DESIRED   CURRENT   UP-TO-DATE   AVAILABLE   AGE
my-deployment     3         3         3            3           20s
```

디플로이먼트를 변경하거나 삭제하는 방법은 파드의 경우와 동일하다.

5.9.7 서비스의 생성/확인/변경/삭제

서비스를 생성하려면 kubectl apply 명령어를 실행한다. 이번에는 매니페스트 service.yaml을 사용해 이름이 my-service인 서비스를 생성한다. 생성된 서비스에는 TCP/8080으로 들어오는 접속을 파드의 TCP/80으로 전달하는 규칙이 포함되며 이 규칙은 http로 명명한다. 또한, 접근을 전송할 대상은 키가 app이고 값이 my-app인 레이블이 지정된 파드가 된다.

```
~$ kubectl apply -f service.yaml
```

service.yaml

```yaml
apiVersion: v1
kind: Service
metadata:
  name: my-service
spec:
  type: ClusterIP
  ports:
    - name: http
      protocol: TCP
      port: 8080
      targetPort: 80
  selector:
    app: my-app
```

작성된 서비스를 확인하려면 kubectl get 명령어를 실행한다. 이 서비스를 위해서 발행된 가상 IP 주소를 확인할 수 있다.

```
~$ kubectl get services
NAME         TYPE       CLUSTER-IP   EXTERNAL-IP   PORT(S)    AGE
my-service   ClusterIP  1.2.3.4      <none>        8080/TCP   15s
```

서비스를 변경하거나 삭제하는 방법은 파드의 경우와 동일하다.

요약

▶ 쿠버네티스는 매니페스트로 클러스터를 조작한다.

▶ 레이블 및 레이블 셀렉터를 사용해 개체를 선택할 수 있다.

▶ 생성/변경 명령어는 kubectl apply이며 -f에 지정된 매니페스트의 내용에 따라 무엇을 생성/변경할지가 바뀐다.

5.10 자동 빌드: 이미지 생성부터 배포까지 절차를 자동화

업데이트를 자주 반복하는 상황에서는 빌드와 배포를 자동화해 번거로움을 줄이는 것이 중요하다. 이번 절에서는 자동 빌드 및 자동 배포에 대해 설명한다. 그리고 자동 빌드 및 자동 배포를 수행하는 도구를 소개한다.

5.10.1 자동 빌드란

자동 빌드는 프로그램 등을 사용할 수 있게 변경하는 절차를 자동화하는 것이다. 예를 들어, C 언어나 자바 같은 프로그래밍 언어는 프로그램을 이진 코드로 변환하는 컴파일 작업이 필요하다. 또한, 프로그램에 외부 라이브러리가 필요한 경우 종속성이 있는 라이브러리를 미리 설치해야 한다. 컴파일 및 라이브러리 설치가 끝나면 프로그램이 예상대로 실행되는지 확인하기 위해 다양한 테스트를 진행한다. 프로그램을 릴리스하려면 이러한 단계가 필요하지만 자동 빌드는 이러한 단계를 자동화한다. 또한, 자동 빌드의 성과물(예를 들어, 릴리스할 수 있는 프로그램 등)을 **아티팩트**(artifact)라고 부르는 경우도 있다.

▼ 그림 5-35 자동 빌드

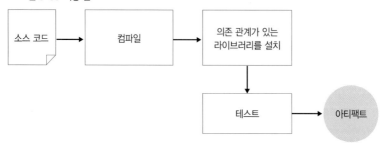

5.10.2 자동 배포란

자동 배포는 프로그램 등을 릴리스하는 절차를 자동화하는 것을 말한다. 프로그램을 빌드해 사용 가능한 상태로 만든 후에는 사용자가 접근할 수 있게 프로그램을 릴리스한다. 프로그램을 릴리스하려면 서버에 프로그램을 업로드해야 한다.

또한, 릴리스에 따라서 데이터베이스 구조 변경과 같은 작업이 필요할 수 있다. 프로그램을 릴리스하는 방법은 다음과 같다. 자동 배포는 이러한 단계를 자동화한다.

▼ 그림 5-36 자동 배포

5.10.3 이미지 생성부터 배포까지의 절차

쿠버네티스를 기반으로 하는 응용 프로그램 개발에는 변경 사항을 릴리스하기 전에 이미지 생성, 레지스트리 등록, 배포 업데이트까지 3단계가 필요하다.

① 이미지 생성
도커 파일(dockerfile)을 이용해 컨테이너의 이미지를 생성한다.

② 레지스트리 등록
이미지 생성 단계에서 만든 이미지를 레지스트리에 푸시하고 운영 환경에 이미지를 가져올 준비를 한다.

③ 배포 업데이트
배포의 매니페스트에서 설명한 이미지 버전을 변경한다. 그런 다음 kubectl 명령어로 변경 사항을 적용한다. 변경 사항을 적용한 후 이전 컨테이너가 포함된 파드를 중지하는 동시에 새 컨테이너가 포함된 파드를 시작한다.

이러한 절차를 자동화하려면 절차를 시작하는 트리거(절차를 시작하기 위한 계기가 되는 명령)를 설정하고 트리거에 해당하는 이벤트가 발생한 경우 빌드용 서버에서 이러한 절차가 수행되도록 한다. 예를 들어, 트리거를 'Git 저장소로 프로그램 푸시'와 같이 설정할 수 있다.

▼ 그림 5-37 이미지 생성에서 배포까지 절차

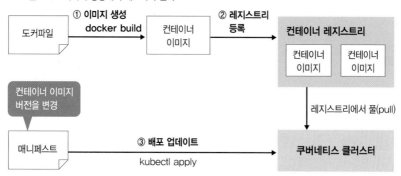

5.10.4 새로운 파드로 변경하는 방법

배포 업데이트는 기존 파드를 새로운 파드로 바꾸는 작업을 수행한다. 파드를 변경하는 방법은 배포 설정에서 지정할 수 있다. 이렇게 파드를 변경하는 방법을 **업데이트 전략**이라고 하며, 업데이트 전략에는 재생성(recreate)과 롤링 업데이트(rolling update)라는 두 가지가 있다.

업데이트 전략이 재생성인 경우, 새로운 파드가 시작되기 전에 기존 파드가 모두 중지된다. 따라서 일시적으로 모든 파드가 다운되지만 기존 파드와 새로운 파드가 섞이지는 않는다. 반면 업데이트 전략이 롤링 업데이트인 경우, 기존 파드 수를 줄이는 동시에 새로운 파드 수를 늘린다. 따라서 모든 파드가 다운되지는 않지만 일시적으로 기존 파드와 새로운 파드가 섞인다. 기본적으로 롤링 업데이트가 적용된다.

◆ 그림 5-38 재생성과 롤링 업데이트

재생성

| 기존 파드 | 기존 파드 | 기존 파드 |

파드가 없는 상태

| 새로운 파드 | 새로운 파드 | 새로운 파드 |

일시적으로 모든 파드가 다운된다.

롤링 업데이트

| 기존 파드 | 기존 파드 | 기존 파드 |

| 기존 파드 | 기존 파드 | 새로운 파드 |

| 새로운 파드 | 새로운 파드 | 새로운 파드 |

기존 파드와 새로운 파드가 섞인다.

5.10.5 자동 빌드/배포를 지원하는 도구

쿠버네티스에서는 자동 빌드 및 자동 배포를 수행하기 위해 Skaffold, 젠킨스 X, 스피내커 등 다양한 도구를 사용할 수 있다. Skaffold는 구글에서 개발한 쿠 버네티스에 특화된 자동 빌드/배포 도구로, 프로그램 변경을 감지해 자동으로 이미지를 생성하고 배포까지 할 수 있다. 젠킨스 X도 쿠버네티스 전문 자동 빌 드/배포 도구다. 반면 스피내커는 넷플릭스에서 개발한 자동 배포 도구로, 배 포 방법을 더욱 세밀하게 설정할 수 있다.

 요약

▶ 자동 빌드란 프로그램 등을 사용할 수 있는 상태로 만드는 절차를 자동화하는 것이다.

▶ 자동 배포란 프로그램 등을 릴리스하는 절차를 자동화하는 것이다.

▶ 쿠버네티스를 사용해 개발한 것을 릴리스하려면 이미지 생성, 레지스트리 등록, 배포 업데이트까지 3단계가 필요하다.

5.11 멀티 클라우드: 여러 클라우드에서 쿠버네티스 사용

최근에는 하나의 클라우드를 사용하는 것뿐만 아니라 여러 클라우드를 결합하는 멀티 클라우드가 주목을 받고 있다. 쿠버네티스를 사용하면 멀티 클라우드에서 개발 및 운영할 때의 복잡성을 줄일 수 있다.

5.11.1 멀티 클라우드란

멀티 클라우드는 여러 클라우드를 결합해 구성된 환경이다. 클라우드는 크게 일반인 대상으로 제공되는 **퍼블릭 클라우드**와 특정 개인이나 조직에 제공되는 **프라이빗 클라우드**로 나뉜다. 퍼블릭 클라우드는 아마존 웹 서비스, 구글 클라우드 플랫폼, 애저 등이 널리 사용되고 있다.

▼ 그림 5-39 멀티 클라우드

5.11.2 멀티 클라우드의 필요성

클라우드 사업자는 서버 관리 및 운영에 대한 탁월한 지식과 노하우가 있지만 예상치 못한 원인으로 클라우드에 장애가 발생할 수 있다. 하나의 클라우드에 구성된 시스템의 경우 사용 중인 클라우드에 장애가 발생하면 시스템을 사용할 수 없는 상황이 발생할 수 있다.

반면에 여러 클라우드를 결합해 구성한 시스템의 경우, 한 클라우드에 장애가 발생해도 해당 클라우드를 분리하면 시스템을 사용할 수 있는 상태로 유지할 수 있다. 가용성에 대한 요구가 더욱 커지고 있는 요즘, 멀티 클라우드의 필요성은 점점 더 커지고 있다.

❤ 그림 5-40 멀티 클라우드를 통한 가용성 향상

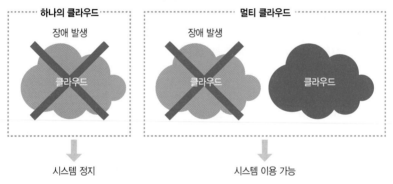

5.11.3 쿠버네티스를 사용한 멀티 클라우드

각 회사가 제공하는 퍼블릭 클라우드 서비스는 서로 공통점이 많지만 차이점도 있다. 예를 들어, 아마존 웹 서비스 Lambda용으로 작성된 프로그램(3.6.2절 참조)을 구글 클라우드 플랫폼의 서버리스 서비스인 클라우드 함수(Cloud Functions)로 마이그레이션하려면 프로그램을 변경해야 하며 배포할 때 매개변수가 달라진다. 응용 프로그램 설계 및 배포 절차를 고안하면 해결할 수 있지만 개발 및 운영이 복잡해지는 문제가 생길 수 있다. 쿠버네티스를 사용하면 서로 다른 클라우드를 같은 절차로 조작할 수 있으며, **클라우드 간 차이를 절충해 개발 및 운영 복잡성을 줄일 수 있다.** 따라서 쿠버네티스는 멀티 클라우드를 더욱 쉽게 구축할 수 있도록 지원한다.

▼ 그림 5-41 쿠버네티스에 의한 조작 절차의 공통화

5.11.4 멀티 클라우드 구축을 지원하는 도구

멀티 클라우드 구축을 지원하는 도구로 **Rancher**가 있다. Rancher는 Rancher Labs가 개발한 컨테이너 관리 플랫폼이다. Rancher를 사용하면 주요 퍼블릭 클라우드에 쿠버네티스 클러스터를 구축할 수 있다. 그 외에도 자격 증명의 중앙 관리, 접근 제어 및 보안 정책의 적용, 단일 화면에서의 클러스터 상태 표시 등 유용한 기능을 갖추고 있다.

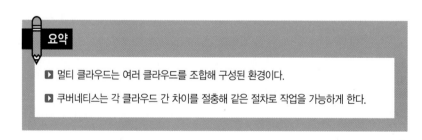

요약

▶ 멀티 클라우드는 여러 클라우드를 조합해 구성된 환경이다.

▶ 쿠버네티스는 각 클라우드 간 차이를 절충해 같은 절차로 작업을 가능하게 한다.

5.12 쿠버네티스의 아키텍처: 각 노드에서 동작하는 구성 요소

지금까지는 쿠버네티스가 컨테이너를 관리하는 단위 및 네트워크와 같은 개별적인 작동 방식을 살펴보았다. 쿠버네티스는 그 외에도 많은 구성 요소가 있으며 이를 연동할 수 있는 오케스트레이션을 제공한다.

5.12.1 쿠버네티스 아키텍처

쿠버네티스에는 마스터와 워커라는 두 유형의 노드가 있다고 이미 설명했다. 사용자는 kubectl 명령어(5.9.2절 참조) 등을 사용해 마스터에게 명령을 보내고 마스터는 명령에 따라 워커를 조작한다. 마스터와 워커는 다양한 구성 요소를 실행하며 이를 연동해 오케스트레이션을 수행한다.

▼ 그림 5-42 쿠버네티스 아키텍처

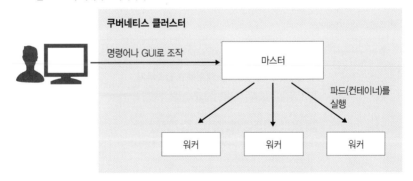

5.12.2 쿠버네티스 클러스터를 조작하는 방법

사용자가 쿠버네티스 클러스터를 조작하는 방법에는 **kubectl 명령어**, **대시보드**(dashboard), **쿠버네티스 API**가 있다.

kubectl 명령어

명령줄 인터페이스이며, 명령을 실행하면 쿠버네티스 클러스터를 조작할 수 있다.

대시보드

웹 기반 그래픽 사용자 인터페이스다. 쿠버네티스 클러스터를 조작하고 파드의 CPU 사용률과 같은 통계 데이터를 그래프로 알기 쉽게 표시할 수 있다.

쿠버네티스 API

쿠버네티스에서 제공하는 API이며, 이 API를 사용해 마스터에 요청을 보내면 쿠버네티스 클러스터를 조작할 수 있다. kubectl 명령어와 대시보드는 내부적으로 쿠버네티스 API를 사용하며, 프로그램 등에서 접근하는 경우에는 쿠버네티스 API가 적합하다.

❤ 그림 5-43 대시보드

5.12.3 마스터의 구성 요소

마스터는 kube-api-server, etcd, kube-scheduler, kube-controller-manager와 같은 다양한 구성 요소를 실행한다.

kube-api-server

사용자 및 워커가 쿠버네티스 클러스터와 상호 작용할 수 있는 엔드포인트 (REST API)를 제공한다.

etcd

데이터(쿠버네티스 클러스터와 관련된 설정 등)를 저장하는 장소다. 여러 노드로 구성된 키-값 저장소이며, 일부 노드가 고장 나도 데이터가 손실되거나 불일치가 발생하지 않는 구조를 갖추고 있다. kube-api-server와 etcd는 프런트엔드와 백엔드 간 관계이며, kube-api-server는 데이터를 갖지 않고 etcd를 통해 데이터를 관리한다.

kube-scheduler

파드를 시작할 노드를 계획하는 스케줄러다. 필요한 리소스 등 다양한 조건을 고려해 최적의 노드를 결정한다.

kube-controller-manager

디플로이먼트 컨트롤러와 같은 여러 컨트롤러의 실행 및 정지를 관리하고 쿠버네티스 클러스터를 정상적인 상태로 유지한다.

5.12.4 워커의 구성 요소

워커는 컨테이너를 시작하는 데 필요한 컨테이너 런타임(도커, 크라이오 등)을 실행하고 **kubelet**과 **kube-proxy**라는 두 에이전트 프로그램을 실행한다.

kubelet

마스터에서 PodSpec(파드의 상태를 나타내는 데이터)을 가져온 다음, 컨테이너 런타임 인터페이스에 접근해 컨테이너를 실행/정지 및 감시한다.

kube-proxy

마스터에서 네트워크 구성을 가져온 다음, 파드와 파드가 통신할 때 접근 중계 및 주소 변환 규칙을 변경한다.

▼ 그림 5-44 마스터와 워커의 구성 요소

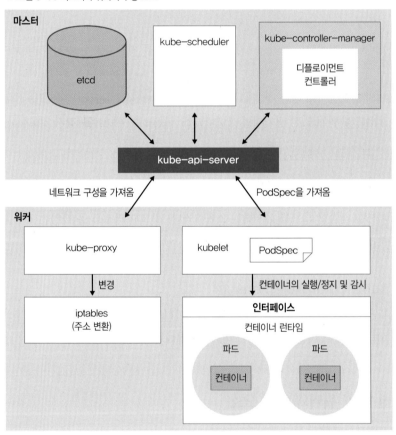

요약

▶ 마스터와 워커는 다양한 구성 요소가 작동하고 구성 요소가 함께 연동해 오케스트레이션을 수행한다.

memo

6장

클라우드 컨테이너 서비스

주요 클라우드에서도 도커 및 쿠버네티스를 사용할 수 있는 서비스
를 제공한다. 또한, 각 클라우드에서 제공하는 다른 서비스와 쉽게
연동할 수 있다. 이번 장에서는 대표적인 클라우드 컨테이너 서비스
를 살펴보자.

6.1 클라우드의 컨테이너 지원 현황: 주요 클라우드의 다양한 컨테이너 서비스

주요 클라우드는 컨테이너 관련 서비스를 제공하며 도커 형식의 컨테이너를 지원한다. 세 가지 클라우드 컨테이너 서비스로, 아마존 웹 서비스(이하 AWS), 구글 클라우드 플랫폼(이하 GCP), 애저에 대해 살펴보자.

6.1.1 AWS의 컨테이너 서비스

AWS는 IaaS 및 PaaS 시장에서 압도적인 점유율을 가진 아마존의 클라우드 서비스로, 다른 두 클라우드 서비스보다 빨리 클라우드 서비스를 제공했다. AWS는 아마존 엘라스틱 컨테이너 서비스(ECS, Elastic Container Service), 아마존 쿠버네티스 서비스(EKS, Elastic Kubernetes Service) 및 AWS Fargate 등 컨테이너 실행 환경을 제공하는 서비스가 있다. 또한, AWS는 도커 컨테이너 레지스트리로 아마존 엘라스틱 컨테이너 레지스트리(ECR, Elastic Container Registry)를 제공해 클라우드에서 컨테이너 이미지를 관리할 수 있다.

▼ 그림 6-1 AWS

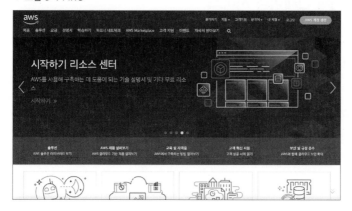

▼ 그림 6-1 AWS

6.1.2 GCP의 컨테이너 서비스

GCP는 쿠버네티스를 개발한 구글에서 제공하는 클라우드 서비스로, 다른
두 클라우드 서비스보다 빨리 쿠버네티스 관련 클라우드 서비스를 제공했다.
GCP의 컨테이너 실행 환경을 제공하는 서비스로 구글 쿠버네티스 엔진(GKE,
Google Kubernetes Engine)과 클라우드 런(Cloud Run)이 있다. 또한, GCP는 도커
컨테이너 레지스트리 서비스로 컨테이너 레지스트리(Container Registry)를 제공
하므로 AWS와 마찬가지로 컨테이너 이미지를 클라우드에서 관리할 수 있다.

▼ 그림 6-2 GCP

6.1.3 애저의 컨테이너 서비스

애저는 SaaS 시장에서 높은 점유율을 가진 클라우드 서비스다. 마이크로소프트에서 제공하는 윈도 서버를 사용하는 온프레미스 환경에서 연동하거나 마이그레이션하기 용이하다. 애저는 애저 쿠버네티스 서비스(AKS, Azure Kubernetes Service), 애저 컨테이너 인스턴스(ACI, Azure Container Instances) 같은 서비스로 컨테이너 실행 환경을 제공한다. 또한, 애저는 도커 컨테이너 레지스트리 서비스로 애저 컨테이너 레지스트리(ACR, Azure Container Registry)를 제공하므로 AWS 및 GCP와 마찬가지로 클라우드에서 컨테이너 이미지를 관리할 수 있다.

▼ 그림 6-3 애저

6.1.4 각 클라우드에서 제공하는 컨테이너 서비스

AWS, GCP, 애저는 서로 유사한 컨테이너 서비스를 제공한다. 이 중 컨테이너 오케스트레이션 서비스, 서버리스 컨테이너 실행 환경, 컨테이너 레지스트리에 대해 그림 6-4에 요약했다. 각 컨테이너 서비스에 대해서는 다음 절에서 자세히 설명한다. 먼저 각 서비스의 위치를 살펴보자.

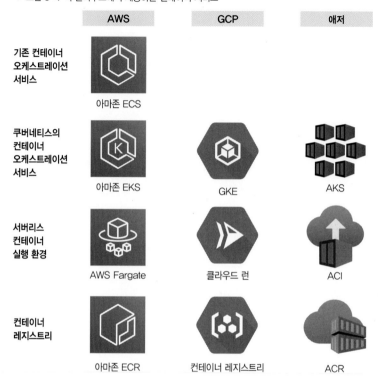

	AWS	GCP	애저
기존 컨테이너 오케스트레이션 서비스	아마존 ECS		
쿠버네티스의 컨테이너 오케스트레이션 서비스	아마존 EKS	GKE	AKS
서버리스 컨테이너 실행 환경	AWS Fargate	클라우드 런	ACI
컨테이너 레지스트리	아마존 ECR	컨테이너 레지스트리	ACR

6.1.5 어떤 클라우드 서비스를 사용해야 할까?

주요 클라우드는 모두 컨테이너 서비스를 제공한다. 세부 사항에는 차이가 있지만 서비스 내용에는 공통점이 많다. 클라우드 서비스를 선택할 때는 컨테이너 서비스의 내용이나 가격뿐만 아니라 정보 보안 관리 시스템의 인증 등 컨테이너 이외의 점에도 주목해 종합적으로 판단해야 한다. 또한, 컨테이너 자체가 서로 다른 플랫폼 간 마이그레이션이 용이하도록 이식성을 지향하는 기술이기 때문에 어느 하나가 아닌 여러 클라우드 서비스를 병용한 멀티 클라우드라는 선택지도 검토할 수 있다.

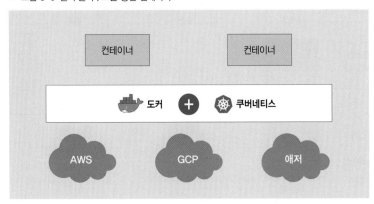

▼ 그림 6-5 멀티 클라우드를 통한 컨테이너

6.2 아마존 ECS: AWS의 컨테이너 오케스트레이션 서비스

AWS는 쿠버네티스와는 다른 독창적인 컨테이너 오케스트레이션 서비스를 제공한다. 관리 및 운영을 AWS에 맡길 수 있으며, AWS의 다른 서비스와 쉽게 연동할 수 있다.

6.2.1 아마존 ECS란

아마존 엘라스틱 컨테이너 서비스(이하 아마존 ECS)는 **컨테이너를 오케스트레이션 하는 AWS의 서비스**다. 쿠버네티스와는 다른 독창적인 컨테이너 오케스트레이션 서비스로 컨테이너 관리 및 운영을 자동화할 수 있다. 또한, 아마존 ECS는 AWS가 서버, OS 등의 인프라를 관리 및 운영하는 서비스(**관리 서비스**)다. 따라서 직접 인프라를 관리 및 운영하는 것에 비해 부하를 줄일 수 있다. 아마존 ECS는 컨테이너 이미지를 관리하는 기능을 제공하지 않지만 AWS의 또 다른 서비스인 아마존 엘라스틱 컨테이너 레지스트리(Amazon ECR)를 사용하면 컨테이너 이미지를 등록하고 배포할 수 있다.

아마존 ECS를 사용할 때 **Fargate** 또는 **EC2**라는 시작 유형 중 하나를 선택해야 한다. Fargate는 클러스터를 관리할 필요가 없고, 컨테이너 이미지를 지정하면 간단히 컨테이너를 시작할 수 있다. EC2는 클러스터를 관리할 필요가 있지만, 노드의 네트워크 구성 등을 세밀하게 설정할 수 있다. 클러스터 관리에는 프로비저닝(시작할 아마존 EC2의 인스턴스 유형 선택), 스케일링 등이 포함된다. 클러스터 관리가 필요 없는 Fargate에서는 이러한 결정을 사용자가 수행할 필요가 없이 CPU나 메모리를 지정하면 컨테이너를 시작할 수 있다. 또한, 컨테이너를 시작하지 않아도 인스턴스를 가동하면 요금이 발생하는 EC2와 달리 Fargate는 컨테이너를 시작하지 않으면 요금이 발생하지 않는다.

6.2.2 아마존 ECS의 작동 방식

5.4절에서 언급했듯이 쿠버네티스의 경우 디플로이먼트가 여러 레플리카셋을 포함하고 레플리카셋은 여러 파드를 포함하고 파드는 컨테이너를 포함하는, 4계층 구조다. 대조적으로 아마존 ECS는 3계층 구조를 제공하는데, 서비스에 여러 태스크를 포함하고 태스크는 컨테이너를 최대 10개 포함하는 구조다.

아마존 ECS의 **서비스**는 쿠버네티스의 배포와 레플리카셋 두 역할을 담당하며, 태스크 롤링 업데이트 및 태스크 헬스 체크 등을 할 수 있다. 또한, 아마존 ECS의 **태스크**는 쿠버네티스의 파드 역할을 한다. 파드와 마찬가지로 태스크에 포함된 컨테이너는 동일한 태스크에 포함된 다른 컨테이너와 라이프 사이클을 공유한다. 로컬호스트를 대상으로 지정하면 태스크 내 컨테이너 간에 통신할 수 있다. 서비스 및 태스크 사양을 JSON 형식으로 기술한 텍스트 파일을 각각 서비스 정의, 태스크 정의라고 하며, 쿠버네티스의 매니페스트와 마찬가지로 서비스 및 태스크 사양을 선언적으로 작성할 수 있다.

또한, 아마존 ECS는 각 태스크에 대해 AWS 네트워크 인터페이스인 엘라스틱 네트워크 인터페이스(ENI, Elastic Network Interface)를 할당하는 등 쿠버네티스와 공통점이 많다.

❤ 그림 6-6 아마존 ECS의 작동 방식

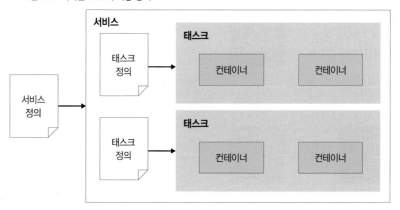

6.2.3 아마존 ECS의 장단점

아마존 ECS를 사용하면 인프라 관리 및 운영을 AWS에 맡길 수 있으므로 사용자는 애플리케이션 개발과 같은 더욱 본질적인 작업에 집중할 수 있다. 그러나 AWS는 인프라를 관리하고 운영할 수 있는 권한을 가지므로 정보 보안 관리와 같은 요구 사항에 따라 단점이 될 수 있다.

또한, 아마존 ECS는 AWS의 접근 관리(AWS IAM), DNS 서비스(아마존 루트 53), 모니터링 서비스(아마존 클라우드 와치) 등 다른 서비스와 통합되어 있으므로 이러한 서비스와의 연동이 쉽다. 그러나 AWS에 의존하기 때문에 멀티 클라우드에 배포하기가 어렵다.

장점이 있으면 단점도 있기 마련이므로, 자신의 상황에 따라 적절하게 검토해야 한다.

❤ 그림 6-7 아마존 ECS는 AWS와 연동이 쉽다

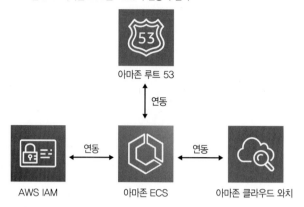

6.2.4 쿠버네티스가 있다면 아마존 ECS는 불필요할까?

쿠버네티스와 아마존 ECS는 둘 다 컨테이너 오케스트레이션 도구이며, 이를 이용해 할 수 있는 것에는 공통점이 많다. 또한, 아마존 엘라스틱 쿠버네티스 서비스(EKS)는 인프라의 관리 및 운영을 AWS에 맡기면서 쿠버네티스로 컨테이너를 관리할 수 있는 서비스다.

쿠버네티스나 아마존 EKS가 있으니 아마존 ECS는 필요 없다고 생각할 수 있지만, 꼭 그렇지만은 않다. 아마존 ECS는 자동 빌드 서비스인 AWS CodePipeline과 자동 배포 서비스인 AWS CodeDeploy와의 연계 기능을 표준으로 갖추고 있는 등 쿠버네티스보다 뛰어난 점도 있다. 경우에 따라 아마존 ECS를 사용하는 것이 더 쉽고 애플리케이션 개발 및 운영을 단순화할 수 있다.

❤ 그림 6-8 쿠버네티스와 아마존 ECS

▶ 아마존 ECS는 쿠버네티스와 다른 독창적인 컨테이너 오케스트레이션 서비스다.

▶ 아마존 ECS는 AWS가 인프라를 관리하는 관리형 서비스다.

▶ 아마존 ECS는 서비스에 여러 태스크가 포함되고 태스크는 컨테이너를 최대 10개 포함하는 3계층 구조다.

6.3 아마존 EKS: AWS의 쿠버네티스 서비스

AWS에서 사용할 수 있는 컨테이너 오케스트레이션 서비스는 아마존 ECS 외에도 또 있다. 이번 절에서는 또 다른 선택지인 아마존 엘라스틱 쿠버네티스 서비스에 대해 살펴보자.

6.3.1 아마존 EKS란

아마존 엘라스틱 쿠버네티스 서비스(이하 아마존 EKS)는 **쿠버네티스에서 컨테이너 오케스트레이션을 수행하는 AWS의 서비스다.** 아마존 EKS를 사용하면 쿠버네티스 클러스터의 관리 및 운영을 자동화할 수 있다. 아마존 EKS는 관리형 서비스이므로 직접 인프라를 관리하고 운영하는 것보다 부하를 줄일 수 있다. 아마존 EKS는 앞 절에서 설명한 아마존 ECS와 유사한 서비스이지만 플랫폼이 쿠버네티스라는 점이 아마존 ECS와 다르다. 또한, 아마존 EKS는 워커를 생성하지 않고 파드를 실행할 수 있는 아마존 Fargate와 같은 쿠버네티스에 없는 고유한 기능을 제공한다.

6.3.2 아마존 EKS의 작동 방식

쿠버네티스 클러스터가 마스터와 워커로 구성된 것처럼 아마존 EKS의 클러스터는 아마존 EKS 컨트롤 플레인과 아마존 EKS 워커 노드로 구성된다. **아마존 EKS 컨트롤 플레인**은 쿠버네티스 클러스터의 마스터에 해당하며, 아마존 EKS가 관리하고 운영한다. 반면에 아마존 EKS 워커 노드는 쿠버네티스 클러스터의 워커에 해당하며 AWS의 서버 가상화 서비스인 아마존 EC2(2.5.1절 참조)의 인스턴스(가상 머신)로 생성된다. 아마존 EKS는 고가용성을 보장하기 위한 메커니즘을 제공한다. 아마존 EKS의 작동 방식을 이해하기 위해 다음에 설명하는 '리전'과 '가용 영역'에 대해 살펴보자.

▼ 그림 6-9 쿠버네티스와 아마존 EKS 비교

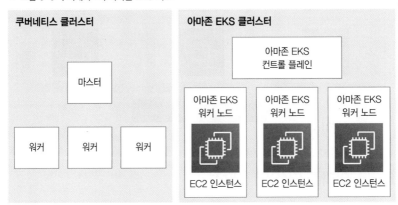

6.3.3 리전과 가용 영역

AWS는 데이터 센터를 **리전**이라는 지리적 단위로 분할해 운영하며, 리전은 여러 가용 영역으로 구성된다. **가용 영역**은 동일한 리전에 포함된 다른 가용 영역과 독립적이다. 한 가용 영역에서 장애가 발생해도 동일한 리전에 포함된 다른 가용 영역에는 영향을 미치지 않도록 설계되었다. AWS는 전 세계에 24개 리전과 77개 가용 영역을 운영하고 있다(2022년 10월 기준).

아마존 EKS 컨트롤 플레인과 아마존 EKS 워커 노드를 여러 가용 영역에 배치하면 하나의 가용 영역에 장애가 발생해도 아마존 EKS 클러스터가 중지되지 않고 계속 실행할 수 있다.

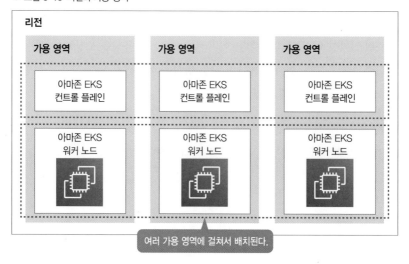

6.3.4 아마존 EKS의 장단점

아마존 EKS의 장단점은 앞 절에서 설명한 아마존 ECS와 비슷하다. 인프라를 관리할 필요가 없다는 점이나 AWS의 다른 서비스와 통합되어 있다는 점은 상황에 따라 장점일 수도 있고 단점일 수도 있다. 아마존 ECS와 달리 아마존 EKS는 쿠버네티스라는 다른 클라우드와 공통 플랫폼에 구축된 서비스다. 따라서 AWS에서 AWS가 아닌 곳에서 운영되는 쿠버네티스 클러스터로 마이그레이션하는 경우가 있을 때 아마존 ECS보다 아마존 EKS가 용이하다.

그러나 쿠버네티스라는 플랫폼을 공유하더라도 쉽게 마이그레이션할 수 있는지 아닌지는 컨테이너 설계에 달려 있기 때문에 반드시 장점이라고는 할 수 없다. 아마존 EKS와 아마존 ECS 중에서 어느 것이 더 나을지 간단히 비교할 수 없기 때문에 상황에 따라 적절히 사용할 수 있도록 두 가지 모두를 알고 있는 것이 이상적이다.

▼ 그림 6-11 다른 클라우드에 마이그레이션이 쉽다

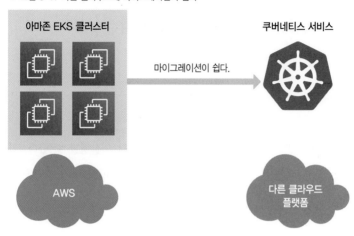

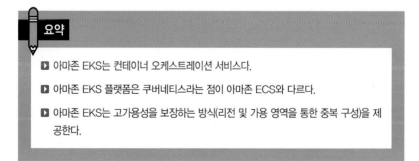

6.4 AWS Fargate: AWS의 서버리스 컨테이너 실행 환경

AWS는 클러스터를 관리하거나 운영하지 않고 컨테이너를 실행할 수 있다. 이번 절에서는 서버리스 컨테이너 실행 환경인 AWS Fargate에 대해 살펴본다. 같은 서버리스 서비스인 AWS Lambda와 차이점도 살펴보자.

6.4.1 AWS Fargate란

AWS Fargate는 서버리스 컨테이너 실행 환경을 제공하는 AWS 서비스다. AWS Fargate는 컨테이너 이미지를 지정하는 것만으로 컨테이너를 실행할 수 있다. 컨테이너를 시작하면 도커 허브나 아마존 ECR과 같은 컨테이너 레지스트리 서비스를 통해 컨테이너 이미지가 설치된다. 클러스터 관리가 필요한 아마존 ECS나 아마존 EKS와 달리 AWS Fargate는 클러스터를 관리할 필요가 없으므로 컨테이너를 운영하는 부하를 줄일 수 있다. AWS Fargate 자체는 독립적인 서비스가 아니며, 컨테이너 오케스트레이션 서비스인 아마존 ECS의 선택 기능 중 하나다.

AWS Fargate를 사용해 컨테이너를 시작하려면 컨테이너에서 사용할 리소스(가상 CPU 유닛 수와 메모리 용량)를 지정해야 한다. AWS Fargate 사용료는 리소스 사용량과 사용 시간을 기준으로 계산되며 컨테이너를 실행하지 않는 경우 사용료는 발생하지 않는다.

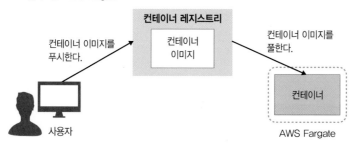

▼ 그림 6-12 AWS Fargate

컨테이너 레지스트리

컨테이너 이미지를 푸시한다.

컨테이너 이미지

컨테이너 이미지를 풀한다.

컨테이너

사용자

AWS Fargate

6.4.2 AWS Lambda와 차이점

AWS는 서버리스 프로그램 실행 환경 서비스로 AWS Lambda(3.6.1절 참조)를 제공한다. AWS Lambda는 소스 코드를 업로드하는 것만으로 프로그램을 실행할 수 있다. 또한, 서비스를 시작할 때 지정하는 것이 소스 코드인지 컨테이너 이미지인지에 따라 AWS Fargate와 구분되지만, 실행 환경을 제공하는 서비스라는 점에서 둘 다 같은 역할을 한다.

AWS Lambda는 실행 시간의 상한이 15분이므로 실행 시간이 길다면 AWS Fargate가 적합하다. 또한, AWS Lambda는 배포 패키지 크기(외부 패키지 등을 포함한 소스 코드 크기)의 상한이 250MB이므로 크기가 큰 경우 AWS Fargate가 적합하다. AWS Fargate는 제약이 적다는 것이 강점이며, AWS Lambda는 이벤트 중심 동작에 강점이 있다. 예를 들어 HTTPS 요청이 있을 때 프로그램을 실행하고 싶다면, 이벤트가 발생한 경우에만 청구되는 AWS Lambda가 적합하다.

∨ 그림 6-13 AWS Fargate와 AWS Lambda의 위치

이벤트에 강하다

AWS Lambda

제약이 많다 ---------------------------- 제약이 적다

AWS Fargate

이벤트에 약하다

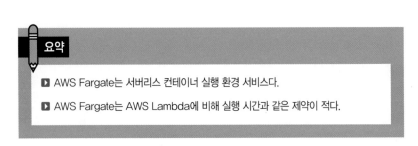

요약

▶ AWS Fargate는 서버리스 컨테이너 실행 환경 서비스다.

▶ AWS Fargate는 AWS Lambda에 비해 실행 시간과 같은 제약이 적다.

6.5

VIRTUAL & CONTAINER

GKE:
GCP의 쿠버네티스 서비스

쿠버네티스를 개발한 구글은 관리형 쿠버네티스 서비스를 가장 먼저 제공했다. 이번 절에서는 구글 쿠버네티스 엔진에 대해 살펴보자.

6.5.1 GKE란

구글 쿠버네티스 엔진(이하 GKE)은 **쿠버네티스를 통한 컨테이너 오케스트레이션을 수행하는 GCP 서비스**다. GKE는 쿠버네티스 클러스터의 관리 및 운영을 자동화할 수 있다. GKE는 아마존 EKS와 마찬가지로 관리형 서비스이므로 관리 및 운영 부하를 줄일 수 있다. GKE는 컨테이너 이미지를 관리하는 기능을 제공하지 않지만 GCP의 별도 서비스인 컨테이너 레지스트리를 사용해 컨테이너 이미지를 등록하고 배포할 수 있다. GKE는 과거에는 구글 컨테이너 엔진(GCE, Google Container Engine)이라는 이름이었지만 쿠버네티스 적합 인증 프로그램을 취득해 서비스 이름에 '쿠버네티스'라는 단어의 사용 허가를 계기로 지금의 이름으로 바뀌었다.

6.5.2 GKE의 작동 방식

쿠버네티스 클러스터가 마스터와 워커로 구성된 것과 마찬가지로 GKE의 클러스터는 **클러스터 마스터**와 **노드**로 구성된다. 클러스터 마스터는 쿠버네티스 클러스터의 마스터에 해당하며 GKE를 통해 관리 및 운영된다. 반면 노드는 쿠버

네티스 클러스터의 워커에 해당하며 GCP의 서버 가상화 서비스인 GCE(2.5.2절 참조)의 인스턴스(가상 컴퓨터)로 만들어진다. GKE는 클러스터 유형을 선택해 가용성 수준을 조정할 수 있는 방식을 갖추고 있다. 다음 절에서 클러스터 유형을 이해하기 위한 '리전'과 '영역'에 대해 살펴보자.

▼ 그림 6-14 쿠버네티스와 GKE 비교

6.5.3 리전과 영역

GCP의 **리전**과 **영역**은 AWS의 리전 및 가용 영역에 해당한다. GCP는 데이터센터를 리전이라는 지리적 단위로 분할해 운영하며 지역은 여러 영역으로 구성된다. 영역은 동일한 리전에 포함된 다른 영역과 독립적이며, 한 영역에서 장애가 발생해도 동일한 리전에 포함된 다른 영역에는 영향을 미치지 않도록 설계되어 있다. GCP는 전 세계 24개 리전과 73개 영역을 운영하고 있다(2022년 10월 기준).

GKE의 클러스터 유형은 단일 영역 클러스터, 다중 영역 클러스터, 지역 클러스터 중 하나를 선택할 수 있다.

단일 영역 클러스터

동일한 영역에 포함된 하나의 클러스터 마스터와 하나 이상의 노드로 구성된다.

다중 영역 클러스터

하나의 영역에 포함된 하나의 클러스터 마스터와 여러 영역에 포함된 여러 노드로 구성된다.

리전 클러스터

여러 영역에 포함된 여러 클러스터 마스터와 여러 영역에 포함된 여러 노드로 구성된다.

아마존 EKS가 '리전 클러스터'와 같은 구성으로 고정된 것에 비해 GKE에서는 가용성 요구 수준에 따라 클러스터 유형을 선택할 수 있다.

▼ 그림 6-15 클러스터 유형

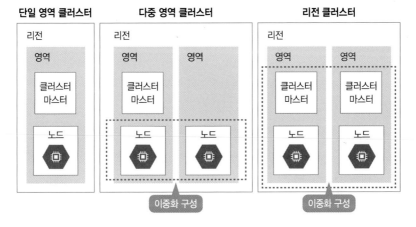

6.5.4 쿠버네티스는 GKE가 가장 좋을까?

GKE는 쿠버네티스 클러스터를 관리한다는 점에서 아마존 EKS 및 AKS와 같으며, 기본 기능은 동일하다. 그러나 다른 두 회사의 서비스를 비교하면 GKE가 가장 먼저 서비스를 제공했기 때문에 세세한 부분에서 뛰어나다. 예를 들어 노드 자동 업그레이드라는 GKE 특유의 기능이 있어, 클러스터 마스터의 쿠버네티스 버전이 업데이트될 때 노드의 쿠버네티스 버전을 자동으로 업데이트할 수 있다. 쿠버네티스 자체가 구글에서 개발한 것이므로 관리형 쿠버네티스 서비스만 필요하다면 GKE가 가장 좋은 선택일 수 있다.

❤ 그림 6-16 관리형 쿠버네티스의 타임라인

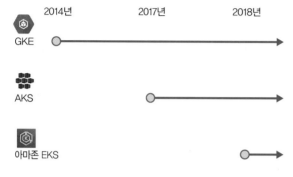

6.6 클라우드 런: GCP의 서버리스 컨테이너 실행 환경

GCP를 사용하면 쿠버네티스 클러스터를 관리 및 운영하는 수고 없이 컨테이너를 실행할 수 있다. 이번 절에서는 서버리스 컨테이너 실행 환경인 클라우드 런에 대해 살펴보자.

6.6.1 클라우드 런이란

클라우드 런은 서버리스 컨테이너 실행 환경을 제공하는 GCP의 서비스다. 클라우드 런은 컨테이너 이미지를 지정하는 것만으로 컨테이너를 실행할 수 있다. 실제로 컨테이너를 실행하려면 HTTPS 요청을 보내거나 메시징 서비스인 Google Cloud Pub/Sub을 통해 메시지를 보내야 한다.

클라우드 런을 사용하면 인프라뿐만 아니라 쿠버네티스 클러스터를 관리할 필요 없이 서버리스로 컨테이너를 실행할 수 있다. 서버리스이므로 사용자는 서버를 관리할 필요가 없다. 따라서 GKE보다 관리 및 운영 부하를 더욱 줄일 수 있다. Cloud Run for Anthos on Google Cloud라는 옵션도 있다. 이 옵션을 지정하면 GCP에서 관리하는 쿠버네티스 클러스터 대신 사용자가 만든 GKE 클러스터 내에서 컨테이너를 실행할 수 있다.

❤ 그림 6-17 클라우드 런

요청을 전송   풀

클라우드 런   컨테이너 레지스트리

6.6.2 클라우드 런의 작동 방식

클라우드 런은 **케이네이티브**(Knative)라는 쿠버네티스 기반 플랫폼으로 구축되어 있다. 케이네이티브 자체는 **Eventing**과 **Serving**의 두 요소로 구성되어 있다. 케이네이티브를 사용하면 서버리스 애플리케이션을 쿠버네티스에서 개발하고 운영할 수 있다. 케이네이티브는 개방형 API와 실행 환경을 제공하며, 케이네이티브로 개발된 서버리스 애플리케이션은 케이네이티브를 지원하는 다른 환경으로 쉽게 마이그레이션할 수 있다. 따라서 클라우드 런을 사용하면 특정 벤더 록인(특정 벤더에 크게 존속해 다른 공급 업체가 제공하는 서비스로의 마이그레이션이 어려워지는 것)을 어느 정도 피할 수 있다.

6.6.3 클라우드 런의 장점과 단점

클라우드 런은 쿠버네티스 클러스터를 관리할 필요가 없기 때문에 단지 컨테이너를 실행하는 것이 목적이라면 GKE보다 더 부하를 줄일 수 있다. 반면에 관리형 쿠버네티스 클러스터가 필요한 상황이라면 GKE에 비해 제어할 수 있는 범위가 한정된다.

또한, AWS Lambda나 GCP의 서버리스 서비스인 클라우드 함수와 같이 프로그램을 업로드해야 실행할 수 있는 FaaS에 비해, 클라우드 런은 컨테이너를 활용하기 때문에 프로그래밍 언어 등 제약이 적다. 또한, 클라우드 런은 컨테이너를 빌드하고 레지스트리에 등록해야 하므로 프로그램을 업로드하면 되는 FaaS에 비해 절차가 많다.

▼ 그림 6-18 온프레미스, GKE, 클라우드 런 비교

6.6.4 안토스란

안토스(Anthos)는 GCP와 온프레미스 어느 쪽에서도 일관되게 서버리스 애플리케이션을 실행할 수 있는 플랫폼이다. 안토스를 사용하면 GCP와 온프레미스 사이에 서버리스 애플리케이션을 이동하기 쉽다. 안토스를 GCP에서 사용하는 경우엔 관리형 쿠버네티스 서비스를 제공하는 GKE가 플랫폼이 된다.

온프레미스에서 안토스를 사용하는 경우에는 관리형 쿠버네티스 서비스를 온프레미스로 제공하는 GKE On-Prem이 플랫폼이 된다. GKE On-Prem을 사용하려면 온프레미스 VMware vSphere(서버 가상화 소프트웨어)에 GKE On-Prem을 설치해야 한다. GKE와 GKE On-Prem은 모두 클라우드 런을 지원하므로 클라우드 런용으로 만든 서버리스 애플리케이션을 사용자가 만든 GKE 클러스터 또는 온프레미스에서 실행할 수 있다.

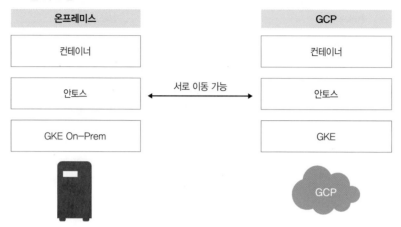

▼ 그림 6-19 안토스

온프레미스		GCP
컨테이너		컨테이너
안토스	← 서로 이동 가능 →	안토스
GKE On-Prem		GKE

6.7 AKS:
애저의 쿠버네티스 서비스

AWS, GCP와 나란히 대표적인 클라우드인 애저 또한 관리형 쿠버네티스 서비스를 제공한다. 이번 장에서는 애저 쿠버네티스 서비스에 대해 살펴보자.

6.7.1 AKS란

애저 쿠버네티스 서비스(이하 AKS)는 아마존 EKS, GKE와 마찬가지로 쿠버네티스를 통한 컨테이너 오케스트레이션을 수행하는 애저의 서비스다. AKS는 쿠버네티스 클러스터의 관리 및 운영을 자동화할 수 있다. AKS는 아마존 EKS, GKE와 마찬가지로 관리형 서비스이므로 관리 및 운영 부하를 줄일 수 있다.

애저는 AKS 이전에 애저 컨테이너 서비스(ACS, Azure Container Service)라는 이름의 서비스로 제공되었으며 ACS는 쿠버네티스 외에도 도커 스웜 및 DC/OS(Mesosphere 사가 개발한 분산 플랫폼)를 선택할 수 있었다. AKS가 등장하고 ACS는 더 이상 사용하지 않으므로 현재는 관리형 서비스로 쿠버네티스만 사용할 수 있다.

6.7.2 AKS의 작동 방식

쿠버네티스 클러스터가 마스터와 워커로 구성된 것과 마찬가지로 AKS의 클러스터는 **컨트롤 플레인**과 **노드**로 구성된다. 컨트롤 플레인은 쿠버네티스 클러스터의 마스터에 해당하며 애저에 의해 관리되고 운영된다. 한편, 노드는 쿠버네티스 클러스터의 작업자에 해당하며 애저의 서버 가상화 서비스인 가상 머신 (2.5.3절 참조)의 인스턴스(가상 서버)로 만들어진다. AKS는 GKE와 마찬가지로 가용성 수준을 조정할 수 있는 구조를 갖추고 있으며, 다음 절에서 구조를 이해하기 위한 리전과 가용 영역에 대해 살펴보자.

▼ 그림 6-20 쿠버네티스와 AKS 비교

6.7.3 리전과 가용 영역

애저의 **리전**과 **가용 영역**은 AWS의 리전 및 가용 영역 또는 GCP의 리전 및 영역에 해당한다. 애저는 데이터 센터를 지리적으로 '리전' 단위로 분할해 운영하며, 리전은 여러 '가용 영역'으로 구성된다. 가용 영역은 동일한 리전에 포함된 다른 가용 영역과 독립적이며, 한 가용 영역에서 장애가 발생하더라도 동일한 리전에 포함된 다른 가용 영역에는 영향을 미치지 않도록 설계되어 있다. 애저는 전 세계에 53개 리전을 운영하고 있다(2022년 10월 기준).

AKS는 기본적으로 하나의 가용 영역에 컨트롤 플레인과 노드를 배치하지만 클러스터를 만들 때 명시적으로 지정하면 여러 가용성 영역에 컨트롤 플레인과 노드를 분산시킬 수 있다.

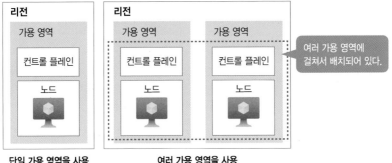

▼ 그림 6-21 리전과 가용 영역

리전

　가용 영역

　　컨트롤 플레인

　　노드

단일 가용 영역을 사용

리전

　가용 영역

　　컨트롤 플레인

　　노드

　가용 영역

　　컨트롤 플레인

　　노드

여러 가용 영역에
걸쳐서 배치되어 있다.

여러 가용 영역을 사용

6.7.4 가상 쿠블릿이란

가상 쿠블릿(virtual kubelet)은 쿠버네티스의 구성 요소인 kubelet(5.7.4절 참조)을 가상으로 구현한 것이다. 가상 쿠블릿을 사용하면 AWS Fargate 및 다음 절에서 설명할 애저 컨테이너 인스턴스와 같은 서버리스 컨테이너 실행 환경에서 동작하는 컨테이너를 쿠버네티스 클러스터의 노드(워커)로 사용할 수 있다.

관리형 쿠버네티스 서비스와 가상 쿠블릿을 조합하면 마스터뿐만 아니라 워커의 인프라 관리 및 운영도 클라우드에 맡길 수 있으므로 관리 및 운영 부하를 줄일 수 있다. 가상 쿠블릿은 애저 이외의 클라우드에서도 사용할 수 있지만, 마이크로소프트에서 개발되고 오픈 소스화하였기 때문에 가상 쿠블릿을 이용한다면 일반적으로 AKS를 선택한다.

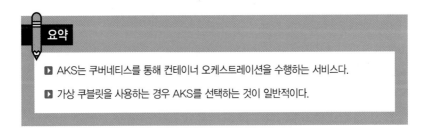

요약

▶ AKS는 쿠버네티스를 통해 컨테이너 오케스트레이션을 수행하는 서비스다.

▶ 가상 쿠블릿을 사용하는 경우 AKS를 선택하는 것이 일반적이다.

6.8 ACI: 애저의 서버리스 컨테이너 실행 환경

애저 역시 쿠버네티스 클러스터를 관리하지 않고 컨테이너를 실행할 수 있다. 이번 절에서는 서버리스 컨테이너 실행 환경인 애저 컨테이너 인스턴스에 대해 살펴보자.

6.8.1 ACI란

애저 컨테이너 인스턴스(이하 ACI)는 **서버리스 컨테이너 실행 환경을 제공하는 애저의 서비스**다. ACI를 사용하면 AWS Fargate 및 클라우드 런처럼 컨테이너 이미지를 지정하는 것만으로 컨테이너를 실행할 수 있다. ACI는 인프라는 물론 클러스터를 관리할 필요가 없으므로 AKS를 사용할 때보다 관리 및 운영 부하를 더욱 줄일 수 있다. ACI를 사용해 실행된 컨테이너에는 필요에 따라 도메인 이름이 할당되므로 도메인 이름을 통해 컨테이너에 접근할 수 있다.

6.8.2 ACI의 작동 방식

ACI는 쿠버네티스의 파드와 비슷한 **컨테이너 그룹**이라는 단위를 제공한다. 컨테이너 그룹은 동일한 노드에서 실행되는 컨테이너 집합이다. 같은 컨테이너 그룹에 포함된 컨테이너들은 라이프 사이클, 리소스 등을 공유한다. 또한, 컨테이너 그룹은 다른 컨테이너 그룹과 하이퍼바이저 수준에서 분리되어 커널을 공유하지 않으므로 컨테이너가 커널을 공유하는 것을 악용한 공격 등으로부터 보호할 수 있다.

▼ 그림 6-22 컨테이너 그룹

▼ 그림 6-22 컨테이너 그룹

6.8.3 컨테이너 그룹의 배포 방식

ACI를 사용하면 쿠버네티스의 매니페스트와 유사한 YAML 형식의 텍스트 파일을 사용해 컨테이너 그룹을 배포할 수 있다. 이 텍스트 파일을 **YAML 파일**이라고 하며 YAML 파일은 배포할 컨테이너 그룹이 선언적으로 작성되어 있다. 또한, YAML 파일 대신 **Azure Resource Manager 템플릿**이라는 JSON 형식의 텍스트 파일을 사용해 컨테이너 그룹을 배포할 수 있다.

YAML 파일의 예

```
apiVersion: 2018-01-01
location: eastus
name: myContainerGroup
properties:
  contaniers:
    -name: aci-tutorial-app
    properties:
      image: mcr.microsoft.com/azuredocs/aci-helloworld:lateset
      resources:
        requests:
          cpu: 1
          memoryInGb: 1.5
      ports:
      -port: 80
      -port: 8080
```

```
    osType: Linux
      ipAddress:
        type: Public
        ports:
        -protoocal: tcp
          port: '80'
        -protocol: tcp
          port: '8080'
    tags: null
    type: Microsoft.Containerinstance/containerGroups
```

YAML 파일은 쉽고 간단하게 작성할 수 있다. 그러나 다른 애저 서비스와 함께 배포해야 하는 경우 Azure Resource Manager 템플릿을 사용하는 것이 좋다.

6.8.4 ACI의 위치

ACI는 서버리스 컨테이너 실행 환경을 제공하는 서비스이기 때문에, 관리형 쿠버네티스 클러스터를 제공하는 서비스인 AKS와 다르다. 서버가 없는 컨테이너 실행 환경을 제공하는 서비스는 ACI 외에 AWS Fargate 또는 클라우드 런이 있다. 반면에 관리형 쿠버네티스 클러스터를 제공하는 서비스는 AKS 외에 아마존 EKS, GKE가 있다. 주요 클라우드들은 서로 유사한 컨테이너 관련 서비스를 제공한다는 것을 알 수 있다.

❤ 그림 6-23 ACI의 위치

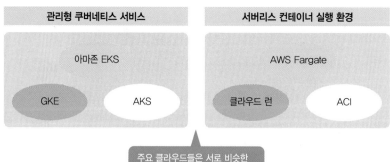

요약

▶ ACI는 서버리스 컨테이너 실행 환경을 제공하는 서비스다.

▶ ACI는 컨테이너 그룹이라는 단위로 컨테이너를 관리한다.

▶ ACI에서는 YAML 파일 또는 Azure Resource Manager 템플릿을 사용해 컨테이너 그룹을 배포할 수 있다.

6.9 도커 엔터프라이즈: 중앙 집중식 관리를 통해 멀티 클라우드 실현

컨테이너 관련 서비스를 제공하는 것은 클라우드 서비스만이 아니다. 예를 들어, 도커 엔터프라이즈(Docker Enterprise) 등이 있다. 오픈 소스 버전에는 없는 우선 지원을 받을 수 있다는 장점이 있다.

6.9.1 도커 엔터프라이즈란

도커 엔터프라이즈는 컨테이너를 활용한 애플리케이션을 개발하고 운영하기 위한 **유료 플랫폼**이다. 도커 엔터프라이즈를 사용하면 테스트 및 인증된 버전의 도커에서 애플리케이션을 개발하고 운영할 수 있다. 또한, 도커 엔터프라이즈의 서브스크립션을 구입하면 우선적으로 지원받을 수 있다.

도커 엔터프라이즈 제품은 서버에 설치하는 '도커 엔진-Enterprise, Universal Control Plane, Docker Trusted Registry'와 개발 서버에 설치하는 '도커 데스크톱 엔터프라이즈(Docker Desktop Enterprise)' 두 가지로 나뉜다. 오픈 소스 버전 도커의 경우 지원 기간이 릴리스부터 7개월인 반면, '도커 엔진-Enterprise'의 경우 지원 기간이 릴리스부터 24개월이므로 오픈 소스 버전에 비해 장기간에 걸쳐 보안 업데이트나 버그 수정 등을 지원받을 수 있다.

▼ 그림 6-24 도커 엔터프라이즈

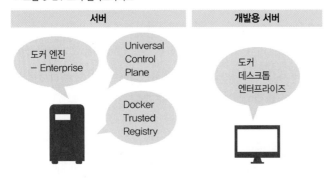

6.9.2 도커 엔터프라이즈에서 사용 가능한 도구

도커 엔터프라이즈에서 사용할 수 있는 도구를 몇 가지 소개한다.

Universal Control Plane

Universal Control Plane(이하 UCP)은 도커 엔터프라이즈에서 사용할 수 있는 컨테이너 오케스트레이션 도구다. UCP를 사용하면 동일한 클러스터에서 도커 스웜과 쿠버네티스가 공존할 수 있다. UCP는 웹 기반 그래픽 사용자 인터페이스와 명령줄에서 모두 접근할 수 있다.

▼ 그림 6-25 UCP

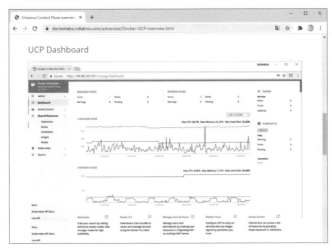

Docker Trusted Registry

Docker Trusted Registry(DTR)는 도커 엔터프라이즈에서 사용할 수 있는 컨테이너 이미지의 레지스트리다. DTR을 사용하면 온프레미스에 프라이빗 컨테이너 이미지 레지스트리를 구축할 수 있다. DTR은 높은 가용성을 제공하며, 인프라의 일부에 장애가 발생해도 계속 운영할 수 있다.

Federated Application Management

Federated Application Management는 도커 엔터프라이즈의 애플리케이션 관리 기능이다. Federated Application Management를 사용하면 온프레미스, 클라우드의 도커 엔터프라이즈 환경 및 주요 클라우드의 관리형 쿠버네티스 클러스터를 중앙에서 관리할 수 있어서 멀티 클라우드를 구현할 수 있다. 관리형 쿠버네티스 클러스터에는 아마존 EKS, GKE, AKS가 포함된다.

❤ 그림 6-26 Federated Application Management

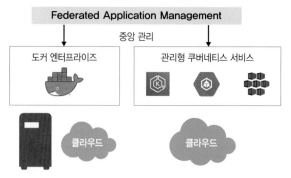

요약

▷ 도커 엔터프라이즈는 컨테이너를 활용한 애플리케이션을 개발하고 운영하기 위한 플랫폼이다.

▷ 도커 엔터프라이즈는 우선적으로 지원받는다.

▷ UCP란 도커 엔터프라이즈에서 사용할 수 있는 컨테이너 오케스트레이션 도구다.